धरती की पुकार

धरती की पुकार

सुन्दरलाल बहुगुणा

राधाकृष्ण प्रकाशन

ISBN : 978-81-7119-269-4

धरती की पुकार (पर्यावरण)

पहला संस्करण : 1996
पाँचवाँ संस्करण : 2019
This book is printed on **Print on Demand** Technology : 2024

मूल्य : ₹495

प्रकाशक
राधाकृष्ण प्रकाशन प्राइवेट लिमिटेड
जी-17, जगतपुरी, दिल्ली-110 051
शाखाएँ : अशोक राजपथ, साइंस कॉलेज के सामने, पटना-800 006
पहली मंजिल, दरबारी बिल्डिंग, महात्मा गांधी मार्ग, प्रयागराज-211 001
1, अनमोल सोराबजी संतुक लेन, धोबी तलाव, मरीन लाइंस, मुम्बई-400 002
वेबसाइट : www.radhakrishnaprakashan.com
ई-मेल : info@radhakrishnaprakashan.com

DHARTI KI PUKAR
Essays by Sundarlal Bahuguna

डॉ. लक्ष्मी मल्ल सिंघवी
भारतीय उच्चायुक्त

INDIA HOUSE,
ALDWYCH,
LONDON, W.C. 2

भूमिका

पर्यावरण के क्षेत्र में मेरे आत्मीय मित्र और बंधु पंडित सुन्दरलाल बहुगुणा का ऐतिहासिक योगदान एक मानव कीर्तिमान के रूप में सदैव अविस्मरणीय रहेगा। उनके जीवन में पांडित्य है और उनके पांडित्य में जीवन। उनके व्यक्तित्व और कृतित्व में, अगाध निष्ठा और अनवरत प्रयत्नशीलता के दुर्लभ गुणों का सौरभ परिव्याप्त है। महात्मा गांधी, संत विनोबा, साध्वी मीराबेन एवं सेंट बार्बे बेकर की चेतना और प्रेरणा उनके जीवन और जीवनदर्शन का पाथेय रहे हैं। उन्होंने भारतीय पर्यावरण के चिंतन को नए प्रकार से आंदोलित किया और उस आंदोलन को एक नई और मौलिक दिशा दी। उनके चिंतन में मनुष्यता का संवेदन है, उनके संवेदन में करुणा और विवेक का सामंजस्य है, और उस सामंजस्य में एक सत्याग्रही का धीरोदात्त अध्यात्म है। उनका चिंतन भारतीय वसुंधरा का खरा सोना है और उनका जीवन उस खरे सोने का प्रमाण है। कोई उनके विचारों से सहमत हो न हो, इसमें कोई संदेह नहीं कि उन्होंने अपने विचारों को बेलाग सच्चाई, समर्पण और ईमानदारी से जिया है और इसीलिए उनकी इस पुस्तक की प्रशस्ति में भूमिका के रूप में दो शब्द लिखने में मुझे विशेष प्रसन्नता की अनुभूति होती है। मुझे विश्वास है कि पंडित सुंदरलाल बहुगुणा की यह पुस्तक भारत में पर्यावरण की चेतना को नई गति और संवर्धित आत्मविश्वास देगी।

19 अप्रैल, 1995

डॉ. लक्ष्मी मल्ल सिंघवी

क्रम

1

मेरे गाँव का जीवन

लम्बे अर्से के बाद मुझे एका कीजीवन बिताने का अवसर मिला है। पचास वर्षों के सार्वजनिक जीवन में मैं प्रायः लोगों और प्रवृत्तियों से घिरा हुआ रहा हूँ। पैंतालीस वर्ष पहले भी कुछ ऐसा मौका आया था। मुझे लाहौर से अपनी पढ़ाई छोड़कर अज्ञातवास के लिए लायलपुर जिले के सिक्खाँ वाला गाँव में रहना पड़ा था। पर वहाँ भी मैं एक परिवार के साथ ही रहता था। उनके बच्चों को पढ़ाता था। सुबह बच्चे जब स्कूल चले जाते थे, तो मैं कुछ घंटों के लिए अकेला ही छूट जाता था। मेरा निवास मुख्य घर के बाहर बनाई हुई एक बैठक में था। उन दिनों मैं उर्दू सीखने का प्रयास कर रहा था। मैं कुछ देर तक कायदे (प्रारंभिक पुस्तक) से देखकर उर्दू वर्णमाला को कापी पर उतारता, उसे रटता, फिर कायदा बंद कर याददाश्त के आधार पर पुनः लिखने का प्रयास करता। उसमें काफी गलतियाँ आती थीं और हर गलती के बाद मैं जोर से अपने को दंड देने के लिए दीवार पर सिर टकराता था।

कुछ दिनों के बाद मैंने सेवाग्राम आश्रम से गाँधीजी की 'आत्मकथा', 'रचनात्मक कार्यक्रम' और दूसरी पुस्तकें मँगा लीं। उनको पढ़कर स्वयं एक ग्रामसेवक बनने का अभ्यास करने लगा। पहला काम जो मैंने हाथ में लिया, वह झाड़ू, कनस्तर और फावड़ा लेकर गाँव की सफाई का था। मैं गाँव के ज़मींदार सरदार धुलासिंहजी के बच्चों के मास्टर के रूप में प्रख्यात था। जब उनके परिवार और गाँव के लोगों ने मास्टरजी को 'चूड़े' (सफाई सेवक) का काम करते देखा, तो उन्हें लगा कि मैं पागल हो गया हूँ। उस गाँव में 'चूड़े' थे, पर वे सफाई का काम नहीं, खेतिहर मजदूर का काम करते थे। मेरी इस हरकत पर सरदारजी मुझे घर से निकाल भी सकते थे, पर उन्होंने मुझे बर्दाश्त किया। उनकी भी मजबूरी थी, क्योंकि उस दूर-दराज़ के गाँव में अंग्रेजी पढ़ा-लिखा मास्टर, वह भी बिना तनख्वाह का कहाँ से आता! इसके अलावा मैं उनके लिए शोभा और गौरव की वस्तु भी था। जब कभी कोई अधिकारी वहाँ आता तो वे बड़े गर्व से कहते, हमारे मास्टरजी के साथ अंग्रेजी में बातें करो। केवल एक दिन जब चकझूमरा का थानेदार अपनी दस्तूरी वसूल करने आया था, मैं गायब हो गया। थानेदार साल में दो बार फसल के बाद अपना हिस्सा वसूल करने स्वयं आता था। यह इस गाँव में सालभर होनेवाले अपराधों का कोई

जायजा न लेने के बदले उसकी भेंट थी। मैं थानेदार के सामने नहीं जाना चाहता था, यह सोचकर कि कहीं उसके पास मेरा हुलिया न हो।

दूसरा कार्य जो मैंने प्रारंभ किया, उसके कारण मैं सारे गाँव के लिए उपहास और कौतुक का विषय बन गया। वह चरखा चलाना था। वहाँ रंगीन और सफेद दोनों प्रकार की कपास होती थी। स्वयं पहनने के लिए तो नहीं, लेकिन मोटे खेश बनाने के लिए महिलाएँ चरखा कातती थीं। वहाँ पुराने ढंग का खड़ा चरखा था। जब मैं इस पर कातने लगा तो भीड़ लग गई। "यह क्या कर रहे हो? यह तो कुड़ियों (लड़कियों) का काम है।" मैं उन्हें समझाता, "गाँधी तो इसके मार्फत स्वराज्य लाने का दावा करता है।" धीरे-धीरे जब लोग समझ गये कि मैं यह काम छोड़नेवाला नहीं हूँ, कोई मेरे पास नहीं आता और मुझे काफी देर तक एकांत में चरखा कातने का आनंद आता।

अब अपने पैतृक गाँव सिराईं में मुझे पचास वर्ष बाद आकर रहने का अवसर मिला। तरुणाई में बागी श्रीदेव 'सुमन' का साथी बनने के कारण मेरे राजभक्त परिवार और संबंधियों के बीच मैं कुल का कलंक माना जाने लगा। उनसे बचने के लिए मैं घर से दूर ही रहने लगा। सिल्यारा आश्रम की स्थापना के बाद तो यह निश्चित ही हो गया कि पूरा जीवन वहीं बीतेगा। लेकिन टिहरी बाँध को बंद कराने के महायज्ञ में अपना सबकुछ समर्पित करनेवाले श्री वीरेन्द्र दत्तजी सकलानी ने जब मुझसे कहा कि उनका स्वास्थ्य बहुत बिगड़ गया है और इस कार्य के लिए कोई पूरा समय देनेवाला नहीं है, तो मैं 24 नवंबर, 1989 को इस कार्य को संपन्न हुए बिना आश्रम वापस न लौटने का निश्चय कर निकल पड़ा। साढ़े चार महीने गाँवों में घूमने, टिहरी में बाँध-स्थल पर उपवास, दिल्ली दरबार में सुनाई की प्रतीक्षा में ही बीत गये। इस बीच हमने टिहरी बाँध-स्थल के निकट संन्यासिनियों के आश्रम में अपना डेरा बना लिया था। यह स्थान था तो सुंदर, लेकिन यहाँ पर रात-दिन टिहरी बाँध के ट्रकों और भारी वाहनों के कारण भारी शोरगुल था। जब टिहरी बाँध के बारे में भूमला समिति ने अपना स्पष्ट निर्णय दे दिया कि इसके बनाने की स्वीकृति गैरजिम्मेदारी का कार्य होगा और सरकार ने इस सत्य को दबाने के लिए बाँध बनाने के कार्य से जुड़े हुए अधिकांश सदस्योंवाली एक उच्चस्तरीय समिति बना दी तो 8 अप्रैल को टिहरी में लोगों ने विशाल प्रदर्शन किया। बाँध-स्थल पर लोगों को विस्थापित करने का अधिकार देनेवाले भूमि-अध्याप्ति कानून की होली जलाई और बाँध का निर्माण न होने देने का संकल्प दोहराया।

मैं वहीं से अपने निवास के लिए स्थान ढूँढ़ने निकल पड़ा। पहला गाँव पडियार गाँव पड़ता है। यह टिहरी से 3 कि.मी. उत्तर की ओर भागीरथी के तट पर है। अमर शहीद श्रीदेव 'सुमन' की ससुराल इस गाँव में थी। उनके साले और मेरे सहपाठी श्री रमेशदत्त सकलानी खुशी से 'सुमन' जी वाले कमरे में मुझे स्थान दे देते। इस गाँव का एक अन्य आकर्षण यह था कि वेदांती संत स्वामी रामतीर्थ पो. तीर्थराम के रूप में यहाँ आकर बैठ गए थे और बाद में उन्होंने यहीं संन्यास ले लिया था। सन् 1975 में,

जब मेरा पूरे वर्ष-भर पैदल चलने का संकल्प था, एक सप्ताह तक अज्ञातवास के लिए उनकी कुटिया में रहा था, लेकिन अब यह कुटिया ध्वस्त हो गई है। इस गाँव में भी बाँध-निर्माण के ठेकेदार का शिविर है और कई ठेकेदार रेत, पत्थर, बजरी निकालने व तोड़ने में व्यस्त हैं। पास ही रूसियों के लिए विशेष रूप से बनाई गई वातानुकूलित कॉलोनी है। पडियार गाँव अकेला गाँव है, जहाँ अभी तक घरों में दीये जलते हैं। इसके आसपास के अट्ठरपट्टी के सात गाँव पहले ही बाँध-निर्माताओं ने उजाड़ दिये थे। वहाँ के लोग तितर-बितर हो गये हैं। अधिकांश भानीवाला और रायवाला में बसाये गये हैं, कुछ पथरी में, कुछ निजी रूप से देहरादून में तो कुछ पहाड़ के गाँवों में ही बस गये हैं।

पडियार गाँव के बाद दूसरा गाँव मालीदेवल है। दो सौ परिवारों का यह गाँव इस क्षेत्र का सबसे बड़ा और सर्वोत्तम सिंचित भूमि वाला गाँव है। यहाँ पर भागीरथी उत्तरवाहिनी होकर बहती है। स्वामी रामतीर्थ के शिष्य नारायण स्वामी की कुटिया यहीं पर है। रामतीर्थ स्वयं यहाँ रहना चाहते थे, लेकिन इससे पूर्व ही वे सिमलासू में भिलंगना में ब्रह्मलीन हो गए। काका कालेलकर अज्ञातवास में यहाँ पर 6 महीने रहे थे। इस गाँव में रहने लायक यही कुटिया थी, लेकिन उसमें पहले से ही एक साधु रहते थे। दूसरा कमरा खँडहर था, फिर यह गाँव और सड़क से कुछ दूर था। सड़क के किनारे कई मकान थे, पर शोरगुल और नदी से दूर होने के कारण वे हमारे काम के नहीं थे। फिर इनमें से अधिकांश बाँध के निर्माताओं की शह पर सरकार से मुआवजा वसूल करने के लिए बनाये गए हैं। मेरा उनमें रहने का अर्थ होता – बेईमानी और धोखाधड़ी पर प्रामाणिकता की मुहर लगाना।

आखिर हम दस किलोमीटर दूर सिराईं गाँव में पहुँचे। कई गाँवों के इस समूह को सिराईं कहते हैं, लेकिन वास्तविक सिराईं गाँव ऋषिकेश–उत्तरकाशी राष्ट्रीय राजमार्ग से लगभग आधा किलोमीटर दूर भागीरथी के दायें तट पर स्थित है। इस गाँव के 42 परिवारों में 28 शिल्पकार परिवार हैं। पहले यहाँ पर नदी के उस पार जाने के लिए रस्सियों का झूला-पुल था। इस पुल से लोगों को पार करानेवाले केवट (धुनार) परिवार भी यहाँ पर हैं। यहाँ पर मेरे सहपाठी सेना के अवकाश-प्राप्त सूबेदार श्री भगवतीप्रसाद का स्नेह और टिहरी बाँध-विरोधी आंदोलन के साथ उनके समर्पण की भावना मुझे यहाँ खींचकर ले आई। इस गाँव से लगभग 2 किलोमीटर दूर भागीरथी के तट पर बमरोगी की वह प्रख्यात गुफा है, जहाँ स्वामी रामतीर्थ बहुत समय तक रहे और वहाँ शिला पर बैठकर घंटों मस्त होकर 'राम', 'राम' चिल्लाते हुए हमारी पीढ़ी से पहले के बुजुर्गों ने उन्हें देखा था। जो उनके पास जाता उसे भी वे राम ही कहते। रामतीर्थ के बाद कई साधु, संत, बैरागी वहाँ पर आए पर कोई भी लंबे अर्से तक वहाँ नहीं टिका। कई लोगों के जीवन पर वे संयम और सद्विचारों की छाप अवश्य छोड़ गए। मैंने गंगा को टिहरी बाँध के दैत्य से मुक्त करने की देशवासियों के नाम अपील इसी कुटिया के बाहर बैठकर 3 दिसंबर, 89 को लिखी थी।

सिराईं में मेरे लिए सब ही लोग नये-नये थे। भगवतीप्रसादजी की सहधर्मिणी सीता देवी मेरी ममेरी बहन और मुझसे 1-2 महीने छोटी है। हमारा परिवार ननिहाल के गाँव मरोड़ा में ही रहता था, क्योंकि मेरे नाना श्री अभयरामजी ने अपने पाँच बेटों के साथ दो बेटियों को भी जमीन का हिस्सा दे दिया। वे अपनी प्यारी बेटी को अपने पास ही रखना चाहते थे। पिताजी ने वहीं मकान बना दिया। हम सब भाई-बहनों का जन्म वहीं हुआ था। सिराईं वहाँ से केवल दो ही किलोमीटर है, इसलिए खेती-बाड़ी के काम चलाने माँ वहीं से आती थी और छोटा बेटा होने के कारण माँ के साथ रहने का मेरा विशेषाधिकार था। बचपन में यहाँ पर साथ खेले पुषू मिस्तरी को मेरी याद थी। पुराने परिचितों में मास्टर ऋषिराम रतूडी अब परिवार के साथ उत्तरकाशी में रहते हैं। उनका एक बेटा रूस में रहने लगा है। गाँव के अधिकांश पुरुष या तो बाहर नौकरी कर रहे हैं या नौकरी पाने की इंतजार कर रहे हैं। खेती और पशुपालन का भार मुख्यतः महिलाओं पर है। दुधारू पशु बहुत कम हैं। जिन परिवारों के पास दुधारू पशु हैं, उनके यहाँ से पड़ोसियों को एक-एक छटाँक दूध चाय के लिए मिल जाता है।

अन्न में तो यह गाँव पहले स्वावलंबी था ही। अतः पीसने के लिए पहले नदी से नहर निकालकर जलशक्ति से चलनेवाली पनचक्की थी। अब नदी अधिक गहराई में बहने लगी है। पनचक्की का स्थान अब सड़क के पास विद्युतचालित आटाचक्की ने ले लिया है। वहीं पर सरकारी सस्ते गल्ले की दुकान भी है। भागीरथी बरसात में अपने साथ लकड़ियाँ बहाकर ले आती थी। ये लकड़ियाँ जंगलों में काटकर स्लीपर बनाने के बाद छूटी हुई रहती थीं। स्लीपर तो पहले बहाकर हरिद्वार पहुँचाए जाते थे और फिर यह छूटी हुई लकड़ी चुंडे-मुंडे बरसात में बहकर आती थी। नदी की तेज धार में से इसे पकड़कर किनारे लाने में लोगों ने कुशलता प्राप्त कर ली थी। अब न तो जंगलों की कटाई होती है और न वहाँ से छूटी हुई लकड़ी ही बहकर आती है। कभी इक्की-दुक्की लकड़ियाँ ही नदी में बहकर आती हैं, पर उनसे पहले की तरह साल-भर का गुजारा और बिक्री नहीं हो पाती। अब खाना पकाने के लिए दो घरों में रसोई गैस, अधिकांश में बिजली के स्टोव (लेकिन बिजली का भरोसा नहीं, कब आए और कब चली जाए), कहीं-कहीं मिट्टी के तेल के स्टोव और फिर आपातकाल के लिए लिटैना की झाड़ियों व कैक्टस (नागफनी) की सूखी हुई लकड़ियाँ। एक ही दृश्य जो बचपन की याद दिलाता है, ओखलियों में धान और झंगोरा की कुटाई का है। यद्यपि कूटनेवाली महिलाओं की संख्या अब उतनी अधिक नहीं रहती है, क्योंकि राशन की कुछ पूर्ति वे सरकार से सस्ते गल्ले की दुकान से भी करते हैं। कुछ दिनों से दुकान पर चावल आने बंद हैं, इसलिए कुछ चहल-पहल है। कुछ परिवारों ने अपने-अपने आँगन में भी ओखलियाँ लगा ली हैं, इसलिए अब सामूहिक ओखलियाँ सामूहिक मिलन-स्थल भी नहीं रह गई हैं।

गाँव में आने पर मेरे सामने सबसे बड़ी समस्या रहने के लिए घर की थी, वैसे तो भगवतीप्रसादजी का घर मेरे लिए खुला तो था ही, वे पड़ोस में अपने भाई और ऋषिरामजी

के खाली मकानों की चाबियाँ भी ले आए। इनमें सब सुविधाएँ थीं, लेकिन मैं तो स्थान के लिए व्यग्र था, जहाँ पर उठते-बैठते, सोते-जागते भागीरथी का सान्निध्य प्राप्त हो सके। और ऐसा स्थान था 22 वर्षों से उजाड़ पड़ा हुआ अस्सी वर्ष पुराना मेरा पैतृक मकान।

मेरे पिताजी गंगा के अनन्य प्रेमी और भक्त थे। उन्होंने मरोड़ा और सिराईं–दोनों गाँवों में मकान के लिए ऐसे स्थान छाँटे और उनमें बैठक के कमरे ऐसे बनाये जिनके पिछवाड़े के दरवाजे गंगा की ओर खुलें। पहाड़ों में सामान्यतः मकानों का प्रवेश-द्वार पूर्व या दक्षिण की ओर बनाया जाता है, जिससे जाड़ों में देर तक धूप रह सके। यह मकान मिट्टी, पत्थर और लकड़ी का बना हुआ है। इसकी छत पत्थर की स्लेटों की है। लोहे का उपयोग केवल खिड़कियों की सींकों के रूप में तथा कुंडियों के लिए हुआ है। इसकी चिनाई इतनी मजबूत है कि छत की लकड़ियों के सड़ जाने के कारण एक कमरे की छत पूरी तरह से गिर गई है, लेकिन दीवारें खड़ी हैं।

पुराने पहाड़ी शैली के मकानों में यह परिवर्तन का प्रतीक भी है। पुराने मकानों में कमरों के सामने एक लंबा बरामदा होता था, जो परिवार के लोगों व आगंतुकों के लिए बैठक का काम करता था। इस बरामदे (तिबारी) पर लकड़ी के नक्काशीवाले खंभे होते थे। खंभे की मोटाई और उस पर हुआ नक्काशी का काम परिवार के वैभव का प्रतीक माना जाता था। मैंने अब वास्तुविदों द्वारा बनाई गई भोंडी सीमेंट की इमारतों वाली नई टिहरी नगर से सटे हुए बौराड़ी गाँव में अतीत की याद दिलानेवाला वहीं के आदिपुरुष का बनाया हुआ ऐसा मकान अभी तक खड़ा देखा है। ये खंभे इतने मजबूत होते थे कि कई मकान तो टूट गए, पर तिबारियाँ खड़ी हैं। तिबारी से होकर ही परिवार के सब लोग कमरों में जाते थे, इसलिए परदे का कोई प्रश्न ही नहीं था, लेकिन ऐसा लगता है कि पिछली शताब्दी के प्रारंभ में दरबार की सेवा करनेवाले परिवारों में बाहर के लोगों का आना-जाना प्रारंभ हुआ। परिवार से उन्हें अलग ही रखा जाता। इसलिए तिबारी को हटाकर एक बैठक बनाने का चलन प्रारंभ हुआ। इस मकान में रहने के दो कमरों और स्नानगृह व बरामदे के अलावा अलग से बैठक का एक बड़ा कमरा है, जहाँ से अंदर बैठे-बैठे भागीरथी के दर्शन होते हैं। बाद में भागीरथी का और अधिक लंबा दृश्य पकड़ने के लिए उस ओर खुलनेवाले दरवाजे के सामने 3 मीटर लंबी और डेढ़ मीटर चौड़ी एक खुली अटारी बनाई गई। यही स्थान मुझे सबसे उपयुक्त लगा।

22 साल से खाली पड़े हुए मकान में चूहों और ततैयों ने अपना निवास बनाया हुआ था। उसके चारों ओर झाड़ियाँ और गंदगी थी। गाँव के लड़कों ने मिलकर इसकी सफाई कर ली। 30-31 मई, 90 को सिराईं गाँव में ही भागीरथी के तट पर बरगद और पीपल के पेड़ों की छाया में वार्षिक 'चिपको मित्र-मिलन' हुआ, जिसमें देश के बारह प्रदेशों से सौ लोगों ने भाग लिया। बस, इन्हीं दिनों हमने स्थायी रूप से इस मकान में रहना प्रारंभ किया। अब मेरे पास स्थायी निवास होने के कारण देश-विदेश से मिलने के लिए आनेवाले आगंतुकों की परेशानियाँ मिट गइ। कर्नाटक के कानून के छात्र नंदन एक सप्ताह

मेरे साथ रहकर चले गए। वे स्माइल नाम की संस्था की ओर से आए थे। यह संस्था विद्यार्थियों को व्यावहारिक अनुभव के लिए भेजती है।

कॉलेज के होस्टल में या छुट्टियों में घर पर रहकर पकी-पकाई रोटी खानेवाले नंदन के लिए यह पहला अनुभव था कि वह खाना पकाना सीखे। दूर स्रोत से पीने के लिए पानी लावे। अपने कपड़े स्वयं धोये और घर तथा बर्तनों की सफाई करे। मेरे पास इसके अलावा व्यावहारिक अनुभव देने के लिए कुछ नहीं था।

जब नंदन चला गया तो मैं इस घर में अकेला ही रह गया। मेरी दिनचर्या प्रातः 5 बजे उठने से प्रारंभ होती है। यहाँ पर मोटर-वाहनों का कर्कश स्वर नहीं, बल्कि पक्षियों का कलरव और उससे ही ताल मिलाता हुआ निरंतर बह रही भागीरथी का कल-कल निनाद सुनने को मिलता है। दिन-भर के व्यस्त कार्यक्रम की तैयारी में कोई सुगृहिणी ओखली में अनाज कूटती रहती है। नदी के तट पर प्रातःकाल ही हलचल प्रारंभ हो जाती है। पहले जाल से मछली पकड़ने के लिए लोग जाते थे। अब जैसे-जैसे हिमालय में बर्फ पिघलने और ऊँचाई के क्षेत्रों में वर्षा होने के कारण पानी बढ़ना प्रारंभ हुआ है, मछलियाँ तो नहीं, इक्की-दुक्की लकड़ियाँ अवश्य बहकर आती हैं। लड़के फुर्ती से पानी में कूदकर उन्हें पकड़कर ले आते हैं। लंबे समय से नदी के प्रवाह को देखते-देखते उन्हें अनुभव हो गया है कि पानी कब घटता है और कब बढ़ता है। प्रायः प्रातःकाल पानी बढ़ जाता है और दोपहर को कम हो जाता है। इस नदी के चप्पे-चप्पे को उन्होंने कदमों से नापा है, इसलिए वे पानी में निर्भीक होकर चलते हैं।

प्रातः गीता और विष्णुसहस्र नाम के पाठ के बाद घर, आँगन और बर्तनों की सफाई के बाद जब मैं गंगादर्शन के लिए बैठता हूँ तो बैल और बकरियाँ, यद्यपि इनकी संख्या बहुत कम है, नदी के किनारेवाले विस्तृत चरागाह—सौड़—की ओर जाते हुए दिखाई देती है। कभी रास्ता भटककर इक्की-दुक्की गाय मेरे आँगन में आ जाती है और वहाँ पर प्रसाद के रूप में गोबर छोड़ जाती है, मैं इसका उपयोग बरामदे की लिपाई के लिए करता हूँ। गोबर से लीपा हुआ फर्श सुंदर दीखता है। सीमेंट का फर्श और पलस्तरवाले घरों का कहाँ ऐसा सौभाग्य, जिनमें गोबर की लिपाई कर उसे रेडियोधर्मिता से मुक्त रखा जावे।

आठ बजे से पहले-पहले मैं सौर चूल्हे पर डिब्बों में दोपहर का खाना तैयार होने के लिए रख देता हूँ। इस बक्से को खुले आँगन में रखना पड़ता है। पहले ही दिन इसे देखने के लिए स्त्रियों और बच्चों की भीड़ लग गई। पहले तो उन्होंने समझा कि शक्ल देखने का शीशा मात्र है, लेकिन ढाई घंटे बाद जब मैंने उन्हें डिब्बों में पका हुआ भात, भँगोरा और दाल दिखाई तो वे आश्चर्यचकित रह गए। न तो खाना जला ही था और न कच्चा ही रहा, जो प्रायः अन्य प्रकार के चूल्हों में, यदि उसे बीच-बीच में देखा न जाए, तो रह जाता है। महिलाओं ने इसे विशेष रूप से पसंद किया क्योंकि इससे खाना पकाने और बर्तन माँजने में लगनेवाले समय की बचत होगी। काम का बँटवारा भी होगा, क्योंकि निठल्ले रहनेवाले पुरुषों से भी काम लिया जा सकता है। परंपरागत

ढंग से चूल्हा फूँकने में उन्हें संकोच होता है। दोपहर का खाना तैयार होने के बाद मैं इन डिब्बों पर शाम का खाना रख देता हूँ। कभी-कभी तो दोनों बार के लिए एक साथ तैयार करके, इसे गरम रखने के लिए सौर चूल्हे के अंदर छोड़ देता हूँ।

सौर चूल्हे के संबंध में कुछ शिकायतें भी हैं। इसमें रोटियाँ नहीं पक सकतीं, यद्यपि स्वीडन में मैंने सौर ऊर्जा को पहले सेलों के द्वारा संचित कर रोटियाँ पकते हुए भी देखा है। पर यह बहुत महँगी प्रणाली है।

दूसरी शिकायत यह है कि वर्षा और बादल के दिन तथा जाड़ों में जब धूप कम रहती है, क्या होगा ? खाना पकाने के लिए परंपरागत साधनों का पूरी तरह से सौर चूल्हा विकल्प तो नहीं हो सकता, मैंने भी मिट्टी के तेल का स्टोव रखा है, लेकिन यह ईंधन और ऊर्जा की बचत में भारी योगदान दे सकता है। इनके निर्माण के लिए शीशा और अन्य सामग्री मँगाकर प्रखंड या पंचायत स्तर पर भी आयोजन किया जा सकता है। मौजूदा प्रणाली में केंद्रित उत्पादन को प्रोत्साहन दिया जाता है, इसलिए अभी तो ये चूल्हे कहीं दूर से बनकर आते हैं। फिर जिले में वैकल्पिक ऊर्जा का एक प्रसार कार्यकर्ता होता है, जिसके मार्फत रियायती कीमत पर ये लोगों को मिलते हैं। इतना महत्त्वपूर्ण उपकरण, जिसका पहाड़ों में विनाश को रोकने और महिलाओं की कष्ट-मुक्ति से अति विशिष्ट योगदान हो सकता है, इतना अलभ्य है, यह सरकारों की उपेक्षापूर्ण कार्यपद्धति का एक नमूना है।

सौर ऊर्जा इक्कीसवीं सदी की ऊर्जा बननेवाली है, क्योंकि इस समय जीवशेषीय ईंधनों–तेल-कोयला आदि–से प्राप्त होनेवाली ऊर्जा ने कार्बन और नाइट्रस ऑक्साइड जैसी गैसों का परिमाण बढ़ाकर कहर ढा दिया है। परमाणु ऊर्जा का भयावह स्वरूप चेरनोबिल में प्रकट हो गया है। बड़े बाँधों से बिजली प्राप्त करने से जमीन और जंगल जैसे सतत उत्पादन देनेवाले नवीकृत संसाधनों का ह्रास होता है। इससे निरापद और सुलभ होने के कारण सारी दुनिया का ध्यान इसकी ओर गया है। भारत में यदि लुप्त हुए वनों को पुनर्जीवित करना है तो बायोगैस और सौर ऊर्जा को व्यापक बनाना होगा। मेरा प्रयास है कि घर-घर में सौर ऊर्जा से ही रोशनी की व्यवस्था करूँ, लेकिन यह बहुत महँगा सौदा है।

सवेरे तीन घंटे का समय मैं पत्रों के उत्तर देने या पढ़ने-लिखने में बिताता हूँ, अटारी पर बैठकर। मिलनेवाले मित्र भी इसी समय या दोपहर के बाद मिलने आते हैं। ग्यारह बजे तक धूप खूब तेज हो जाती है, मैं नदी में स्नान करने के लिए निकल पड़ता हूँ। गाँव की ओखलियों से धान या झंगोरे का छूटा हुआ भूसा समेट लेता हूँ और इससे रास्ते के किनारे पड़ा मैला ढक लेता हूँ। पर्वतीय गाँवों में प्रायः गाँव के बाहर पनघट की ओर जानेवाले रास्तों के किनारों का लोग शौचालय के रूप में उपयोग करते हैं। यद्यपि सरकार की गाँवों में शौचालय बनाने की योजना भी कुछ वर्षों से चल रही है, लेकिन इस गाँव में अभी केवल तीन ही परिवारों ने इसे अपनाया है। मैदानी क्षेत्रों की

तरह खेतों में शौच जाने का चलन नहीं। इससे एक ओर तो कीमती खाद की क्षति होती है और दूसरी ओर गाँव गंदगी के घर बने रहते हैं। गाँव ही क्यों, कस्बों की भी यही हालत है। उत्तरकाशी इसका सबसे बुरा नमूना है। सारा का सारा मल बहकर गंगा में या छोटे-छोटे नालों में चला जाता है। इस समस्या का समाधान चीन ने बायोगैस संयंत्रों को लोकप्रिय बनाकर किया है। भारत में यह लोकप्रिय नहीं हुआ, क्योंकि इस गैस का रसोई के लिए उपयोग करने में गृहिणियों को परहेज है। दूसरे, सर्वत्र पर्याप्त पानी उपलब्ध नहीं है। मैं इस समस्या का समाधान पाखाने के लिए गड्ढे बनाने के रूप में देखता हूँ। गाँधीजी ने गोपुरी संडास का प्रचलन किया था। इसमें चारों ओर से पर्दे से ढका हुआ एक आयताकार गड्ढा होता है। इसके ऊपर बैठने के लिए लकड़ी के फट्टे। मल को मिट्टी, भूसी या राख से ढका जाता है। एक गड्ढा भरने पर दूसरे का उपयोग होता है और इस बीच पहले गड्ढे में खाद तैयार हो जाती है।

मैं नदी में पहुँचकर हिमानियों से बहकर आनेवाले शीतल जल में स्नान का आनंद लेता हूँ। किनारे पर पड़े हुए एक पत्थर पर कपड़े धो लेता हूँ। कभी-कभी नंग-धड़ंग बच्चों का दल भी सामूहिक स्नान के लिए पहुँच जाता है। उन्हें नदी की गहराई के बारे में चप्पे-चप्पे की जानकारी है। कमर-कमर के पानी तक वे चलकर जाते हैं। एक-दूसरे पर पानी उलीचते हैं, कभी-कभी जलक्रीड़ा में उनके साथ शामिल होने का मुझे भी सौभाग्य मिल जाता है। जब देर तक ठंडे पानी में रहने के बाद उन्हें ठंड महसूस होती है तो किनारे पर आकर गरम रेत में लोटने लगते हैं। कितना मुक्त और प्राकृतिक जीवन ! मुझे उन पर तरस आता है जो बंद स्नानघरों में फव्वारे या टब में स्नान करते हैं।

2

एक गाँव में विश्व-पर्यावरण वर्ग

नवम्बर 30 के अंतिम सप्ताह में मुझसे मिलने के लिए जागतिक इकालाजी में अंतर्राष्ट्रीय विशेष योग्यता कार्यक्रम के बीस विद्यार्थी और दो शिक्षक आये। पच्चीस वर्ष पूर्व प्रारंभ किए गए इस कार्यक्रम में अमेरिका के कॉलेज विद्यार्थियों को विश्व की विभिन्न संस्कृतियों और समाजों का तुलनात्मक अध्ययन करने का अवसर दिया जाता है। इस वर्ष के कार्यक्रम में जागतिक इकालाजी – प्रकृति और समाज का समन्वय है और अध्ययन का क्षेत्र इंग्लैंड, भारत, मलेशिया, फिलीपींस, न्यूजीलैंड, मैक्सिको और संयुक्त राज्य अमेरिका है। कार्यक्रम के निदेशक कार्नवेल, इंग्लैंड स्थित वेडब्रिज पारिस्थितिकी केंद्र के निदेशक और इकालाजिस्ट पत्रिका के प्रमुख सम्पादक एडवर्ड गोल्डस्मिथ, प्रो. ब्रियान गूडविन और इंग्लैंड में खुले विश्वविद्यालय के प्राणिशास्त्र की वैज्ञानिक डॉ. माई-वान-हो हैं। इस शिक्षण में कक्षा में बैठकर लेक्चर को विशेष महत्त्व नहीं दिया जाता (सप्ताह में केवल तीन बार), पाठ्यक्रम में अतिथि प्रवक्ता और क्षेत्रीय यात्राओं का विशेष स्थान है। विद्यार्थी विभिन्न देशों में परिवारों के साथ रहते हैं। ये विद्यार्थी भारत के अपने सात सप्ताह के कार्यक्रम के दौरान दिल्ली के परिवारों के साथ रहे। दिल्ली के बाहर के कार्यक्रमों में टिहरी-गढ़वाल, देहरादून, रुड़की, माउंट आबू और भोंडसी आश्रम की यात्राएँ शामिल हैं।

अतिथि वक्ताओं में विश्वविद्यालयों के प्रवक्ताओं के अलावा राजनीतिक नेता और विभिन्न क्षेत्रों में स्वतंत्र कार्य करनेवाले विशिष्ट व्यक्ति होते हैं। इसलिए कोर्स के प्रारंभ होने के पश्चात इसके विद्यार्थी स्व. पं. जवाहरलाल नेहरू, श्रीमती इंदिरा गाँधी, यूकियो मिशिया, हू शिन, मैडम चांग काई शेक, श्रीमती इलीनोर रूजवेल्ड, सत्यजीत रे, विल्ली ब्रैंडिट, राजदूत गैलब्रेथ से मिले। इस वर्ष के भाषणकर्ताओं में डॉ. करण सिंह, प्रो. उपेन्द्र बख्शी, प्रो. रजनी कोठारी, कृष्ण चैतन्य, प्रो. आशीष नन्दी, डॉ. जार्ज मैथ्यू और डॉ. आबिद अहमद शामिल हैं।

टिहरी गढ़वाल में उनके लिए मुख्य आकर्षण इसका हेंवलघाटी क्षेत्र था, जहाँ सन् 1977 में चिपको आंदोलन का स्वरूप प्रचलित अर्थव्यवस्था को चुनौती देकर स्थायी अर्थव्यवस्था के पारिस्थितिकी आंदोलन के रूप में निखरा। इसके विश्वविख्यात नारे–'क्या हैं, जंगल के उपकार ? मिट्टी, पानी और बयार', 'मिट्टी, पानी और बयार, जिंदा रहने के आधार'

तथा 'इकालाजी ही स्थायी अर्थव्यवस्था है' मुखरित हुए। वहाँ पर अब बिना किसी बिचौलिया संस्था के ग्रामीणों द्वारा, मुख्यतः महिला मंडलों के द्वारा 'हरित हिमालय' आंदोलन चलाया जा रहा है। वह वनीकरण की दिशा में एक नया प्रयास है – जिंदा रहने के लिए वन। वनों को केवल इमारती लकड़ी और उद्योगों के लिए कच्चे माल की खान माना जाता रहा है, लेकिन हेंवलघाटी की महिलाएँ मिट्टी और जल-संरक्षण, खाद्य, चारा, ईंधन और जैविक खाद के लिए भूमि प्रबंध व वृक्षारोपण कर 'हमारे वन हैं जीवन प्राण' के आदर्श को धरती पर उतारने का प्रयास कर रही हैं। प्रशिक्षार्थी दल हरित हिमालय के कार्यकर्ताओं को खुले आकाश के नीचे हेंवल नदी के किनारे जाजल में मिला। वे यह जानना चाहते थे कि इस योजना की व्यवस्था पर कितने प्रतिशत खर्च होता है ? और वे यह सुनकर स्तब्ध रह गए, 'कुछ नहीं'। इसी क्षेत्र में यूरोपीय आर्थिक समुदाय द्वारा संपोषित करोड़ों रुपये की परियोजना चलती है, जिसकी व्यवस्था देहरादून और चम्बा में बनी शानदार इमारतों से हजारों रुपया मासिक वेतन पानेवाले अधिकारी जीपों में घूम-घूमकर करते हैं। लोगों के द्वारा चलाये जानेवाली योजना की विशेषता यह है कि इसके अंतर्गत जल-संरक्षण के लिए पोखर बनाए गए हैं। पुराने उजड़ते हुए वनों की रक्षा के लिए वन-रक्षक नियुक्त किए गए हैं। उनके द्वारा किए गए कार्य की लागत जिलाधिकारी के अनुसार 'यदि सरकारी विभागों द्वारा किया जाता, जो चौगुनी होती।'

उसी दिन वहाँ पर बनिहाल (कश्मीर) से वृक्षमित्र श्री सोनामुल्ला बनिहाली कश्मीरी अखरोट के बीज लेकर आए थे। बनिहाली ने गाँव के लोगों को इनकी पौध उगाने और इन पौधों की देखभाल करने की पद्धति बताई। अखरोट और दूसरे काष्ठ फलों की पहाड़ों में स्थायी अर्थव्यवस्था के निर्माण में महत्त्वपूर्ण भूमिका हो सकती है। इसमें मांस के मुकाबले पाँच गुनी अधिक कैलोरियाँ हैं। यह अधिक दिनों तक सुरक्षित रह सकता है और यह आय का अच्छा साधन बन सकता है। बनिहाली को – जो पच्चीस वर्षों से पहाड़ों में हलकी फाल को विनाशकारी समझकर, विविध प्रकार के वृक्षों, लताओं और सब्जियों की मिश्रित खेती कर रहे हैं – हेंवलघाटी में आने की प्रेरणा पिछले वर्ष यहाँ से उनके वृक्ष-खेती के प्रयोग को देखने-समझने के लिए गए दो 'चिपको' आंदोलनकारियों से मिली थी।

'टिहरी बाँध' प्रशिक्षण दल की दिलचस्पी का दूसरा विषय था। वे टिहरी से दस कि.मी. दूर भागीरथी के किनारे पर स्थित सिराईं गाँव में टिहरी बाँध-विरोधी आंदोलन के संबंध में मुझसे चर्चा करने के लिए आए। सिराईं भारत के लाखों अज्ञात गाँवों में से एक है, जिनका सत्ता के केंद्रों के लिए कोई महत्त्व नहीं, यद्यपि सत्तर प्रतिशत से अधिक (पहाड़ों में पच्चानवे प्रतिशत) ग्रामीण जनसंख्यावाले भारत की गाँवों के बिना कल्पना ही नहीं की जा सकती, क्योंकि गाँव भारत की धमनियों में रक्त का संचार करते हैं, उसे जिंदा रखते हैं। यह टिहरी बाँध के डूबने और प्रभावित होनेवाले 116 गाँवों में से एक है। आठ महीने पहले डूबनेवाले लोगों के साथ अपनी किस्मत जोड़ने के लिए मैं 22 वर्षों से उजाड़ पड़े 80 वर्ष पुराने अपने पैतृक मकान में आकर रहने लगा हूँ।

बिना सीमेंट के मिट्टी-पत्थर और लकड़ी (स्थानीय निर्माण सामग्री) से बने स्लेटों की छत और मिट्टी के फर्शवाला यह मकान सीमेंट के मकानों के मुकाबले इकालाजी की दृष्टि से सबसे उपयुक्त है, क्योंकि सीमेंट के मकान के निर्माण में दूर से ढोई जानेवाली अनवीकृत सामग्री (सीमेंट-लोहे) के अलावा, इसमें रहने के लिए गर्मियों में ठंडा करने तथा जाड़ों में गरम करने के लिए ऊर्जा की आवश्यकता नहीं पड़ती है।

गाँव के एक बड़े आँगन में जमीन पर गोल घेरे में बैठकर '39 सह नाववतु' के मंत्र के साथ जब कार्यक्रम प्रारंभ हुआ तो मैंने उन्हें भारत की पुरानी आश्रम-पद्धति की याद दिलाई, जिसमें आचार्य और विद्यार्थी साथ-साथ बैठकर प्रश्नोत्तर की पद्धति से समाधान तक पहुँचते थे। दल के प्राचार्य पीटर बुनयार्ड ने प्रश्न किया, "हम इस खूबसूरत घाटी को देखते हैं और बहुत भय के साथ यह महसूस करते हैं कि यह सबकुछ नष्ट हो जाएगा। इस बाँध-परियोजना के द्वारा समुदायों को बाँटा जा रहा है और इसका प्रमाण हमें इससे मिलता है कि केवल दुबारा मुआवजा लेने के लिए नए मकान बन रहे हैं। अधिकांश लोगों ने समझ लिया है कि बाँध बननेवाला है, इसलिए मेरा सवाल यह है कि क्या आपको बाँध का निर्माण रुकने की कोई आशा दीखती है?"

मेरा उत्तर था कि "मैं ही आपसे प्रश्न पूछता हूँ कि क्या आप इस बाँध के बारे में अलगाव में सोचते हैं या सारी दुनिया में जो कुछ हो रहा है, उसका इसे एक प्रतीक मानते हैं? यदि आप बाँध बनानेवालों से पूछें तो वे कहेंगे कि यह विकास है। इससे 2400 मेगावाट सबसे अधिक आवश्यकता के समय के लिए बिजली (पीकिंग पावर) पैदा होगी, दिल्ली के प्यासे लोगों को 300 घन मीटर पानी मिलेगा और सर्वाधिक सिंचाईवाले पश्चिमी उत्तर प्रदेश को सिंचाई के लिए पानी मिलेगा। विकास बाहुल्य का पर्याय हो गया है। इसलिए देश को मोदीनगर जैसी 140 औद्योगिक नगरियाँ कायम करने के लिए बिजली चाहिए, क्योंकि हमारी सारी सभ्यता नगरों में सिमट गई है। आज नगर सभ्यता के केंद्र माने जाते हैं और ये आर्थिक वृद्धि के प्रतीक भी हैं, इसलिए नगरों को पानी मिलना चाहिए, चाहे इस समय उसका बड़े-बड़े बंगलों और होटलों में टब-स्नान और तैराकी के तालाबों व लॉनों की सिंचाई के लिए उपयोग होता हो, जिसके कारण गरीबों की बस्तियों में हमेशा पानी की तंगी बनी रहती है। फिर खाने के लिए अन्न से अधिक व्यापारिक फसलों – और मुख्यतः विदेशी मुद्रा कमाने वाली फसलें उगाने – के लिए सिंचाई का पानी चाहिए। हमारी बंजर और सूखी खेती नदी के तल से केवल 3 मीटर ऊपर है। इसे इसका पानी नहीं मिल सकता, लेकिन इसे 300 कि.मी. दूर ले जाया जा सकता है। तो अब विचार करें कि विकास क्या है? क्या यह सामान्य लोगों के जिंदा रहने के लिए होना चाहिए या थोड़े लोगों की विलासिता के लिए? वे विकास को आर्थिक वृद्धि के साथ जोड़ते हैं और आर्थिक वृद्धि (ग्रोथ) आभिजात्य वर्ग का भगवान है। इसलिए इस बाँध के माध्यम से हम सारी विकास-नीति के खिलाफ लड़ रहे हैं। यह प्राकृतिक न्याय के विरुद्ध है, क्योंकि हर एक जीवनधारी को उसके इर्द-गिर्द प्रकृति ने जो कुछ दिया है

उस पर जिंदा रहने का जन्मसिद्ध अधिकार है। प्रकृति ने हमें जंगल, जमीन और जल दिया था। जंगल व्यापार के लिए कट गए, पहाड़ों में 17 व्यक्तियों के लिए केवल एक हेक्टेयर जमीन है, उसमें भी सिंचित भूमि केवल 12 प्रतिशत है। अब हमारे जिंदा रहने का एकमात्र आधार जल है। बाँध बनाकर यदि उससे समतल और उपजाऊ भूमि डुबाई जाती है और लोगों को विस्थापित कर पानी का निर्यात किया जाता है, तो यह कैसा विकास है ?"

इसी बीच दल के व्यवस्थापकों में से एक दिल्ली निवासी सज्जन ने कहा कि "बरसात का पानी जो पहाड़ों से बहकर समुद्र में चला जाता है उसे इकट्ठा कर दूसरी जगह के विकास के लिए ले जाने में क्या आपत्ति है ?"

और हमारा उत्तर था कि "क्या आप पूरे विश्वास के साथ कह सकते हैं कि यह पानी बेकार जा रहा है ?"

बाँध, विकास की दो मूलभूत शर्तों – शतशः लाभ और नैतिक आधार – को पूरा नहीं करता। बाँध की आयु सीमित होती है और बाँध बनाने के स्थान सीमित हैं, इसलिए इसका लाभ आनेवाली पीढ़ियों को नहीं मिलेगा। यह अनैतिक है, क्योंकि हजारों लोगों को बेघरबार किया जा रहा है। वनस्पतियों और वन्य जीवों को उनके प्राकृतिक वास से वेदखल किया जा रहा है। चर्चा के दौरान एक प्रश्न यह था कि क्या लोगों को पैसे के लालच से, जो खूब बिखेरा जा रहा है, बचाया जा सकता है ? टिहरी बाँध के संबंध में यह प्रचलित है कि जाली नोट छापने में देरी लगती है, लेकिन बाँध-प्रशासन से पैसा तत्काल मिल जाता है। रिश्वत देने पर मुआवजे की रकम का दुगुना-चौगुना होना और केवल मुआवजा हासिल करने के लिए बननेवाली इमारतों के बहाने पैसे का वितरण आम हो गया है। हर व्यवस्था के पास जन-आंदोलन को दबाने के लिए भय और लालच के दो शस्त्र होते हैं। गाँधी ने भय के मुकाबले लोगों को निर्भय बनाने और लालच के मुकाबले निःस्वार्थ बनाने के वैकल्पिक शस्त्र दिये हैं। टिहरी बाँध-विरोधी आंदोलन कुछ हद तक लोगों को भयमुक्त तो कर सका है, लेकिन लालच से मुक्त नहीं कर सका। यद्यपि युवकों की, जिन्हें एक वर्ष पूर्व रोजगार का लालच देकर आंदोलन का विरोधी बनाया गया था, अब आँखें खुल गई हैं क्योंकि उन्हें नौकरियाँ देने का वायदा पूरा करने का आंदोलन करने पर नौकरी के बदले डंडे मिले हैं। आंदोलन के लिए एकमात्र आशा की किरण पर्वतीय महिलाओं की शक्ति है। वे पहाड़ों के मुक्त और स्वतंत्र वातावरण को छोड़कर कहीं नहीं जाना चाहती हैं।

बाँध के लिए भूकंप के खतरों और अन्य तकनीकी पहलुओं पर दल ने टिहरी बाँध-विरोधी संघर्ष समिति के अध्यक्ष श्री वीरेन्द्र दत्त सकलानी से चर्चा की।

सिराईं में जमीन पर बैठकर पत्तल पर पहाड़ी दाल-भात, झंगोरा और कढ़ी तथा सरसों के साग का भोजन उनके लिए दूसरा सबक था। स्थानीय खेतों से बिना रासायनिक खादों के पैदा किया हुआ धान और एक दिन पहले ही ओखली पर कूटे हुए चावलों का भात

उन्हें जीवन में पहली बार खाने को मिला था। रसोई के लिए लकड़ियों के ईंधन का उपयोग किया गया था। यह नवीकृत साधनों पर जिंदा रहनेवाले समाज की जीवन-प्रणाली है, जिसमें कुछ भी बेकार नहीं जाता, और सभ्यता के नरक-कुंडों – कूड़ा-कचरा जमा करने के स्थानों – की सृष्टि नहीं होती है।

कुछ ही देर में वे गाँव के लोगों से घुल-मिल गए। युवतियाँ ओखली पर धान कूटने का अभ्यास करने लगीं, तो युवक गाँव के लड़कों के साथ फुटबॉल खेलने लगे। पास ही बहती हुई भागीरथी की स्वच्छ और निर्मल धारा को वे देर तक देखते रहे। भारत के गाँवों के पास प्रकृति के साथ समरस होकर रहने की जीवन-पद्धति एक अनमोल विरासत है, जो शोषण और प्रदूषण से मस्त हमारे मरते हुए उपग्रह को पुनर्जीवित करने की दिशा में कार्य करनेवालों के लिए संबल बन सकती है।

3

पानी की समस्या पर एक चिंतन : जीवंत जल के स्रोत से

देहरादून घाटी में जब एक वर्ष पूर्व उच्चतम न्यायालय ने पर्यावरण की दृष्टि से पचपन चूना-खानें बंद करने का आदेश दिया था, तो लगता था कि समस्या का समाधान हो गया है, लेकिन इसी जिले में एक छोटे से पहाड़ी गाँव – नाही बड़कोट – ने गुहार की कि वहाँ पर चौबीस वर्षों से होनेवाले चूना-खनन से उनका अस्तित्व ही संकट में है। पानी के स्रोत सूख रहे हैं। वन और चरागाह ही नहीं, नीचे घाटी में बासमती पैदा करनेवाली जमीन रेगिस्तान में बदल रही है। सिंचाई और पीने के लिए थानों ग्राम समूह की जलापूर्ति करनेवाला सिंस्यारुखाला (नाला) सूख रहा है। शहरों में सत्ता के केंद्रों पर बैठे हुए लोगों के पास छोटे लोगों की बातें सुनने के लिए कान नहीं हैं। प्रशासन का एक अधिकारी आया और उसने रिपोर्ट दे दी – खनन का पानी पर कोई प्रभाव नहीं पड़ रहा है। पर लोगों ने अपने जीवन-प्राण पानी की रक्षा के लिए आंदोलन जारी रखा, खनन नहीं होने दिया। देहरादून नगर से पैंतीस कि. मी. और निकटतम मोटर पड़ाव थानों से दस कि. मी. इस खान के निकट डेरा डालने के लिए मई के तीसरे सप्ताह में हम पहुँचे तो पहले-पहले पानी के स्रोत को खोजने लगे। इस स्थान का नाभ गल्डू खाल है। गल्डू घनी छाया देनेवाला स्थानीय पेड़ है। इन पेड़ों के बाहुल्य के कारण लोगों ने इससे लगे हुए नाले को यह नाम दिया है। एक पतली बटिया उस ओर जा रही थी। इस पर पहले शायद खान पर काम करनेवाले मजदूर चलते होंगे, पर अब तो खान पर काम बंद होने के बाद वन्य जंतु, मुख्यतः जंगली बकरे, हिरन आदि यहाँ से पानी पीने जाते हैं। सूखी पत्तियों से रास्ता ढका हुआ था, जहाँ यह समाप्त होता था और नाले की गहराई दिखाई दी, वहाँ पर थोड़ी नमी दिखाई दी, यही पानी का स्रोत था।

टप-टप, टप-टप, पेड़ों की जड़ों से पानी की बूँदें टपक रही थीं। ये वहीं मिट्टी में समा रही थीं। जब से खनन प्रारंभ हुआ तो विस्फोटकों के कारण सारी धरती में कंपन होने लगा और इसका पानी के स्रोतों पर सीधा प्रभाव पड़ा। कई स्रोत लुप्त हो गये। इस स्रोत में केवल एक-तिहाई पानी ही रह गया। हमने तिमला (अंजीर) के पत्तों को पानी की बूँदों के नीचे बिछाया। सारा पानी इसमें जमा होकर एक नाली की तरह बहने लगा। पास ही एक पेड़ की सूखी हुई छाया थी, जिसकी बनावट नाली की तरह थी।

इस नाली को पत्तों के नीचे लगाया और इसने एक चश्मे का रूप ले लिया। हमारे सामने बहते हुए पानी का चश्मा था – जीवंत पानी। ठंडा और स्वादिष्ट पानी। हमने जी भरकर पीया। इसका ठंडापन बर्फ या फ्रिज के पानी की तरह कृत्रिम नहीं था। इसे पीने के बाद थकावट काफूर हो गई। हमने एक नई स्फूर्ति का अनुभव किया।

इसके बाद मेरे मन में कई विचार उमड़ने लगे। पहले तो विश्व-भर में रहनेवाले उन करोड़ों लोगों की नियति पर तरस आया, जो सभ्यता और विकास के भ्रम में जी रहे हैं। उन्हें ताजा और जिंदा पानी नसीब नहीं है। इंग्लैंड में रहनेवाले हमारे मित्र 'रिसर्जेंस' के संपादक सतीश कुमार पिछले दिनों 'संस्कृति और परंपराओं' पर सांस्कृतिक संबंधों की भारतीय परिषद द्वारा आयोजित परिसंवाद में कह रहे थे कि लंदन में लोग सोलह बार संस्कारित कर शुद्ध किया गया पानी पीते हैं। यही स्थिति विश्व की सभी महानगरियों में है। जहाँ गंदे पानी को साफ नहीं करना पड़ता, वहाँ भी पानी को बड़े-बड़े जलाशयों में संगृहीत कर नलों के द्वारा वितरित किया जाता है। इस पानी का जीवंत तत्त्व समाप्त हो जाता है। उसमें गल्डू खाल के पानी की तरह स्वाद और ताजगी नहीं रहती। फलतः न तो उसमें थकावट को दूर करने की और न स्फूर्ति प्रदान करने की शक्ति है।

शॉबर्जर की खोज

पानी के जीवंत तत्त्व के बारे में पहली बार आस्ट्रिया के निसर्ग विज्ञानवेत्ता व्हिक्टर शॉबर्जर ने इस शताब्दी के चौथे दशक में कई चौंकानेवाले तथ्य प्रकट किये। शॉबर्जर घने जंगलों में "दिन-रात, चंद्र और सूर्य के प्रकाश में, घने अँधेरे में निसर्ग का अध्ययन करते घूमता। जल-स्रोतों का अध्ययन उसका सबसे प्रिय विषय था। जल का तापमान और गति का संबंध, वातावरण और गुणों का संबंध, जल की जीवंतता और स्वभाव-नियम आदि के बारे में आधुनिक जल विज्ञान को जिनका पता ही नहीं, ऐसे कितने ही तथ्य अपने निसर्ग प्रेम, अथक परिश्रम और अंतःचक्षु के आधार पर व्हिक्टर शॉबर्जर खोज सके।"

जब पानी के प्राकृतिक बहाव या उसकी प्राकृतिक स्थिति में फेरबदल किया जाता है तो यह 'मृत पानी' हो जाता है। नदी में बहते हुए पानी का नदी सर्पाकार गति से बहती हुई कुछ दूर जाकर स्वतः शुद्धिकरण कर देती है। शॉबर्जर के अनुसार "पहाड़ी झरने का पानी सबसे अधिक गुण-संपन्न और घना होता है, क्योंकि जल की गुणवत्ता का पोषक जंगल का शीतल, सूर्य प्रकाश से बचानेवाला छायादार वातावरण इन झरनों को सहज प्राप्त रहता है। सूर्य प्रकाश के सीधे आक्रमण से पानी थक जाता है, रुक जाता है और शायद सो ही जाता है। और रात के समय, विशेषकर चंद्र के पूर्ण बिम्ब के सान्निध्य में पानी जाग उठता है, बढ़ता है। विलक्षण गति से बहता है। जल को सरल गति पसंद नहीं है : वक्र, घुमावदार गति पकड़कर ही नैसर्गिक वातावरण में स्रोत, नदियाँ आगे बढ़ती हैं। वृक्ष, वनों से संरक्षण पाकर जल जमीन में गहरा उतरता है, वहीं ठंडक और ऊष्मा की निकटता से वायु की रासायनिक प्रक्रिया चलती है और जमीन को उर्वरा

शक्ति प्राप्त होती है। साथ ही साथ जल अंदर ही अंदर परिपक्व होकर स्रोतों के रूप में फूट निकलता है। तब वह अत्यंत आरोग्यदायक बन जाता है। इन तथ्यों की खोज प्रयोगशाला में लाए गए मृत जल के विच्छेदन से कभी हो नहीं सकती।"

हमारी सभ्यता का अज्ञान

दुर्भाग्य से रसायनों द्वारा शुद्ध कर लोहे के नलों से घर-घर पानी पहुँचाना स्वास्थ्य-रक्षा का एक कार्यक्रम माना गया है। हमारे देश में मिट्टी के नलों या लकड़ी की नालियों का प्रचलन रहा है। इसी प्रकार मिट्टी के घड़ों या तांबे के बर्तनों में पानी रखने की प्रथा सबसे अधिक वैज्ञानिक थी। धातुओं में तांबा ही ऐसी धातु है जिसके बर्तनों में पानी की गुणवत्ता का ह्रास नहीं होता।

अभी तो पानी की गुणवत्ता के बारे में बहुत कम लोगों को चिंता है, लेकिन तेजी से होनेवाली विश्वव्यापी पानी की कमी अवश्य ही एक गंभीर चिंता का विषय बन गया है। विश्व की ज्वलंत समस्याओं पर प्रामाणिक अध्ययन करनेवाली संस्था विश्व-चौकसी-संस्थान के अध्ययन के अनुसार इस शताब्दी के अंत में दुनिया में सन् 1983 के मुकाबले प्रति व्यक्ति सतही जल की आपूर्ति में 24 प्रतिशत की कमी आ जाएगी। यह कमी उत्तरी गोलार्द्ध के देशों में, जिसमें यूरोप और अमेरिका आदि धनी देश आते हैं, कम होगी, लेकिन दक्षिणी गोलार्द्ध के देशों में जिसमें अफ्रीका, एशिया और दक्षिणी अमेरिका आते हैं, बहुत अधिक होगी। यहाँ तक कि कीनिया में 50 प्रतिशत तक हो जाएगी। भारत में विश्व औसत के बराबर ही यानी 24 प्रतिशत होगी। पानी की कमी क्यों होगी ? क्योंकि अधिकांश लोगों का खयाल है कि पानी के बहाव का तो समुद्र से होनेवाले वाष्पीकरण और उससे बनकर बरसनेवाले बादलों से संबंध है। लेकिन यह यहीं पर समाप्त नहीं हो जाता। दूसरे कई कारण हैं जो इसे प्रभावित करते हैं। इसमें सबसे महत्त्वपूर्ण धरती के ऊपरी आवरण में परिवर्तन हैं। प्राकृतिक रूप से धरती का ऊपरी कवच वनस्पति का और मुख्यतः वनों का बना हुआ था। यहाँ तक कि धरती के गर्भ में खनिज छिपे हुए हैं, उनके ऊपर भी जंगल थे, यह तथ्य गोवा के लौह खान क्षेत्रों में, जिनके ऊपर काजू के जंगल और देहरादून के चूना पत्थर खानों के क्षेत्र में, जिनके ऊपर बीज और दूसरी चौड़ी पत्तियोंवाले वन थे, देखा जा सकता है। बादलों को आकर्षित कर वर्षा लाने, वर्षा के पानी में कुछ का वाष्पीकरण कर पुनः बादल बनाकर वापस भेजने और कुछ पानी को अपनी जड़ों में समाकर धरती के गर्भ में संचित रखने का महत्त्वपूर्ण काम वन करते हैं। जहाँ ऐसे मिश्रित वन हैं, जिनमें कई प्रजातियों और उम्र के पेड़-पौधे व घासें रहती हैं, वहाँ पर जल-संचय अधिक होता है। ये वर्षांत के जल को धीरे-धीरे छोड़कर नदी-नालों और चश्मों के बहाव को तथा कुओं के भूमिगत जल के स्तर को बनाए रखने में सहायक होते हैं। इस प्रकार प्राप्त होनेवाला पानी प्राकृतिक रूप से छनकर आता है। आँवला जैसे कई पेड़ों में तो पानी के शुद्धिकरण की अद्‌भुत क्षमता है।

प्राकृतिक जल-स्रोतों की क्षमता और उपयोग में ह्रास उद्योग-प्रधान भोगवादी सभ्यता की दूसरी देन है। बड़े उद्योगों को पानी और ऊर्जा की राक्षसी आवश्यकताओं को पूरा करने के लिए बाँध जलाशयों के निर्माण का सिलसिला शुरू हुआ। जनसंख्या के नगरों में केंद्रित होने के साथ ही कृत्रिम जल आपूर्ति योजनाओं की शुरुआत हुई। पश्चिमी सभ्यता के विस्तार के साथ ही मलनिस्तारण के लिए फ्लश प्रणाली का विकास हुआ। प्रति व्यक्ति अधिक से अधिक पानी की खपत सभ्यता और विकास का प्रतीक बन गया। सन् 1940 से 1980 के बीच विश्व में कुल पानी के उपयोग में चौगुनी वृद्धि हुई है। प्रति व्यक्ति उपयोग में भी लगभग 75 प्रतिशत की वृद्धि हुई है। अमेरिका जैसे धनी देशों में प्रति व्यक्ति एक दिन में 7200 लीटर पानी निकाला जाता है, जबकि भारत में यह 1500 लीटर है। अमेरिका में पानी का मुख्य उपयोग उद्योगों के लिए है जो 57 प्रतिशत तक है। भारत में कृषि के लिए 92 प्रतिशत, उद्योगों के लिए 2 प्रतिशत और घरेलू आवश्यकताओं के लिए 6 प्रतिशत था। साल में दस महीने तक वर्षा और कम जनसंख्या वाले देशों में तो यह संभव था, लेकिन जब उनकी जीवन-प्रणाली की अंधी नकल साल में केवल दो-तीन महीने वर्षा वाले घनी आबादी के देशों में होने लगी तो वहाँ जल-संकट ने गंभीर रूप धारण कर लिया है। इसका प्रभाव समाज के बहुसंख्यक गरीब वर्ग व कृषि पर पड़ा है। पानी जैसी जिंदा रहने के लिए प्राकृतिक देन को, जिसका सृष्टि के आरंभ से ही प्राणिमात्र निर्बाध रूप से उपयोग करता आया है, बिक्री की वस्तु बनाकर मौजूदा सभ्यता अपने वहशी स्वरूप में हमारे सामने नंगी खड़ी है। इस अन्याय के खिलाफ कोई भी आवाज नहीं उठावेगा?

अपनी क्रूरता को छिपाने के लिए यह सभ्यता 'पानी के दशक' की घोषणा कर सन् 1990 तक हर एक के लिए पेय जल उपलब्ध कराने की कसम खाती है। इसके लिए विश्व बैंक और धनी देश गरीब देशों की मदद के लिए कर्जे की थैलियाँ लेकर आते हैं। पेय जल-आपूर्ति और बाँध-जलाशयों की योजनाएँ क्रियान्वित होती हैं। इस प्रकट सत्य को हर कोई जानता है कि स्रोतों के सूख जाने से पेय जल-योजनाओं और गाद भर जाने से बाँध-जलाशयों के खँडहर ही कुछ वर्षों में शेष रह जाएँगे। उत्तर प्रदेश के मध्य हिमालय में स्थित नैनीताल जिले में पिछले तीस वर्षों में 45 प्रतिशत पानी के स्रोत सूख गए हैं।

पर्वतीय क्षेत्रों में विश्व बैंक के कर्जे से बनी कई पेय जल-योजनाएँ स्रोत सूख जाने के कारण पिछले दस वर्षों में असफल हो गयी हैं। बाँध-जलाशयों में गाद भरने की दर तखमीनों से 213 प्रतिशत अधिक है, लेकिन निज़ाम सागर और कालागढ़ जैसे बाँध तो तेजी से गाद से भर जाने का कीर्तिमान स्थापित कर चुके हैं।

बड़े उद्योग और व्यापारिक कृषि

बड़े उद्योगों में पानी की खपत में वृद्धि के साथ-साथ कई उद्योग, जिनमें कागज, रेयन, चमड़ा, रँगाई, शराब व रासायनिक उद्योग मुख्य हैं, रसायन-युक्त पानी छोड़कर प्राकृतिक

जलस्रोतों को विषाक्त बना रहे हैं। दुर्भाग्य से कृषि, जो प्रारंभ से ही एकजीवन-पद्धति रही है, तेजी से व्यापार बन रही है। कृषि के व्यापारीकरण के साथ पानी की आवश्यकता और प्रदूषण, दोनों बढ़ते जा रहे हैं। हरित क्रांति का आधार ही रासायनिक खादों, कीटनाशकों और सिंचाई के लिए अधिकाधिक पानी का उपयोग है। गेहूँ और धान, गन्ना और कपास की नई किस्में अधिकाधिक पानी पीनेवाली हैं। यहाँ भी हमने अधिक नमीवाले धनी देशों की अंधी नकल की है। पैसा कमाने के लिए बाजारू फसलों पर अधिक जोर दिया। महाराष्ट्र के गन्ना किसान, जो वहाँ के मुख्यमंत्रियों के भाग्य का वारा-न्यारा करते हैं, संपन्न हैं क्योंकि नलकूपों के द्वारा भूमिगत जल को खींचकर वे गन्ने के रूप में बेच चुके हैं। महाराष्ट्र में पिछले कुछ वर्षों से भयंकर जल-संकट है। सभी प्रदेशों को अधिक से अधिक पानी चाहिए, क्योंकि व्यापारिक फसलों की पानी की राक्षसी भूख की तृप्ति नहीं होती, पश्चिमी उत्तर प्रदेश और गंगा-यमुना का दोआबा, जो सदियों से सबसे अधिक सिंचाईवाला क्षेत्र रहा है; गंगा, यमुना की नहरों, कुओं और नलकूपों से तृप्त नहीं है, इसलिए पहाड़ों में भागीरथी की घाटी को डुबोकर भीमकाय टिहरी बाँध का निर्माण किया जा रहा है। गुजरात को नर्मदा पर बाँधों का पानी चाहिए, जिससे परंपरागत खाद्य-फसलों के बजाय व्यापारिक फसलें, यहाँ तक कि युक्लिप्टिस उगाकर इसके व्यापार से खूब पैसा कमाया जा सके।

बड़ी बाँध योजनाएँ इतनी खर्चीली हैं कि बी.बी. वोहरा के अनुसार इनमें प्रति हेक्टेयर सिंचाई का खर्च 35 से 40 हजार रुपये तक बैठता है। वाष्पीकरण और दूर-दूर तक नहरों से पानी पहुँचाने में 50 प्रतिशत तक पानी का क्षय हो जाता है। इससे भी अधिक इससे जल-प्लावन और लवणीकरण से भूमि का क्षय होता है। अभी भारत में बड़ी सिंचाई योजनाओं के फलस्वरूप एक करोड़ तीस लाख हेक्टेयर (विश्व-चौकसी-संस्थान के अनुसार 2 करोड़ हेक्टेयर) भूमि इनसे प्रभावित है।

खेती में रासायनिक खादों और कीटनाशकों के उपयोग के दुष्परिणाम पंजाब में दिखाई देने लगे हैं। पंजाब कृषि विश्वविद्यालय के एक अध्ययन के अनुसार पंजाब में कुओं का पानी रासायनिक खादों के रसायनों व कीटनाशकों के रिसाव से प्रभावित हो गया है।

जिंदा रहने का रास्ता

पानी की कमी और अशुद्धता की समस्या के वे समाधान, जिन पर आज सरकारें अमल कर रही हैं, अस्थायी होने के साथ-साथ अत्यधिक खर्चीले भी हैं। समाधान की दिशा में तात्कालिक और पहला कदम होना चाहिए पानी के खर्चे में किफायत। पानी के घरेलू उपयोग में फ्लश जैसी पद्धतियों के विकल्प ढूँढ़े जाने चाहिए। गाँधीजी ने गोपुरी संडास को लोकप्रिय बनाया था, पर शहरों में इसके लिए जगह नहीं। कई अमीर देशों में भी कम पानी का उपयोग करनेवाले शौचालयों पर अनुसंधान चल रहा है।

दूसरा प्रश्न खेती के लिए पानी के उपयोग का है। उन फसलों को अधिक प्रोत्साहन

दिया जाना चाहिए, जो पानी का कम से कम उपयोग करके अधिक से अधिक उपज दे सकें। सिंचाई के लिए बड़े बाँधों के बजाय कुएँ, तालाबों को, जिनमें वर्षांत का पानी भी संचित किया जा सके, पुनः महत्त्व दिया जाना चाहिए। दक्षिण भारत में तो बाँध-प्रणाली आने से पूर्व तालाबों की शृंखला की एक सुव्यवस्थित सिंचाई-प्रणाली थी। गंगा और अन्य बड़ी नदियों से वर्षांत में बाढ़ के पानी के संचय के लिए उनके किनारों पर तालाबों की खुदाई की जा सकती है, छोटे-छोटे नदी-नालों का पानी भी तालाबों में डाला जा सकता है। यह भूमिगत जल के स्तर को बनाए रखने में सहायक होगा। इससे जहाँ नहर-प्रणाली और बड़े जलाशयों की तरह पानी के ह्रास में कमी आएगी, दलदल व लवणीकरण की समस्याएँ पैदा नहीं होंगी।

खाद्य व दूसरी अनिवार्य आवश्यकता की वस्तुएँ उगाने में खाद्य, चारा, जैविक खाद और रेशा देनेवाले वृक्षों की खेती का विशेष महत्त्व है। रासायनिक खादों के विकल्प के रूप में जैविक खादों के स्रोतों को, जिनमें कई पेड़ों की पत्तियाँ भी शामिल हैं, विकसित करना होगा और लोकप्रिय बनाना होगा। इनके उपयोग से रासायनिक खादों के मुकाबले खेती के लिए पानी की आवश्यकता कम हो जाएगी, क्योंकि इनमें नमी के संरक्षण की क्षमता होती है। वस्त्र के लिए वृक्ष-कपास से मनुष्य कपास की खेती पर आया। इसकी पानी की आवश्यकताएँ अधिक हैं। अब रेयन और कृत्रिम रेशों की ओर बढ़ रहा है। एक मीटर कपास के कपड़े के मुकाबले में एक मीटर कृत्रिम रेशेवाले कपड़े की पानी की आवश्यकताएँ पाँच सौ गुना अधिक हैं। ऊर्जा के लिए अधिक पानी की आवश्यकतावाले स्रोतों – ताप बिजलीघरों – का विकल्प भी शोध और चिंतन का दूसरा विषय है।

पानी की समस्या का वास्तविक हल तो जल-संरक्षण और संग्रहण के प्राकृतिक स्रोतों को मजबूत बनाने में है। ये हैं प्राकृतिक वन। वनों की मुख्य पैदावार प्राणवायु, पानी और मिट्टी को गौण मानकर औद्योगिक सभ्यता ने ईंधन, लकड़ी और औद्योगिक कच्चे माल के संसाधन के रूप में उन्हें देखा। औद्योगिक क्रांति के प्रारम्भ में भाप के इंजनों के लिए वन काटे गए, उसके बाद युद्ध और व्यापार के लिए और अब भोगवाद की असीमित तृष्णा की तृप्ति के लिए ही वन काटे और उगाये जा रहे हैं। नये उगाये जानेवाले वन तो लकड़ी व औद्योगिक कच्चे माल की खानें हैं। वे जल और मृदा संरक्षण के बजाय उनका ह्रास करते हैं। अतः जल-संचय की रणनीति का पहला कदम रहे-सहे प्राकृतिक वनों को बचाना होगा। जहाँ-जहाँ पर इन वनों को खनन व उद्योग-व्यापार के लिए काटा जा रहा है, वहाँ ये प्रवृत्तियाँ बंद करनी होंगी। इसके अलावा एकल प्रजाति के ऐसे वनों को, जिनकी जल की आवश्यकता अधिक है और संरक्षण की क्षमता कम है, मिश्रित वनों में बदलना होगा। हमारी राष्ट्रीय वन-नीति में यह स्पष्ट घोषणा होनी चाहिए कि वनों की मुख्य पैदावार जल है। यदि हिमालय, पश्चिम घाट, विंध्याचल और नदियों के अन्य उद्‌गम स्थलों के पर्वतीय प्रस्रवण क्षेत्रों के वनों को तत्काल संरक्षण वन घोषित नहीं किया जा सकता तो संभावित जल-संकट अनुमान से बहुत पहले आ सकता है।

वनों का महत्त्व कार्बन-डाई-ऑक्साइड के प्रचूषण की दृष्टि से भी है। वायुमंडल में बढ़ते हुए कार्बन-डाई-ऑक्साइड के परिमाण और उससे तापमान में होनेवाली वृद्धि के कारण कई परिवर्तन हो रहे हैं। कार्बन-डाई-ऑक्साइड सूर्य की रोशनी को आपके बीच से गुजरने देती है, लेकिन धरती से होनेवाली विकिरण को जकड़ लेती है। इससे तापमान में डेढ़ अंश से. से साढ़े चार अंश तक की वृद्धि हो सकती है। हिमनदों का पिघलना और पीछे खिसकना एक ऐसा परिवर्तन है, जिसके दूरगामी परिणाम होंगे।

इस प्रकार गल्डू खाल के जीवंत जल के छोटे से स्रोत का, जिसकी तरह इन निर्जन वनों से निकलनेवाले कई छोटे-छोटे जल-स्रोत सिंस्यारुखाला और जाखन व सौंग जैसे बड़े नालों और अंततोगत्वा गंगा जैसी महान नदियाँ बनाते हैं, प्राणी-मात्र के जिंदा रहने के लिए इसका बहुत बड़ा महत्त्व है। इस स्रोत के साथ ही किस तरह उनके जीवन-प्राण जुड़े हुए हैं, इसकी समझदारी इसके आसपास के जिन ग्रामीणों में आई, उन्होंने नाही बड़कोट चूना खान को बंद करने की लड़ाई लड़ी, जबकि उन सब शक्तियों ने जो कानून-व्यवस्था, कल्याणकारी राज्य और पर्यावरण की रक्षा का ढोल पीटती हैं, इस आवाज को दबाने के लिए कोई कोर-कसर बाकी नहीं रखी। इस क्षीण लेकिन सच्चाई की आवाज को सुनने के लिए उनके कान नहीं थे, मुँह तो स्वर्ण-मुद्रा की चिप्पी से बंद हो गये थे।

4

विकास से पहले जीवित रहने का अधिकार है

पाँच जुलाई को बिहार में कोयलकारो बाँध और जल-विद्युत परियोजनाओं के उद्घाटन का जनता के विराट प्रदर्शन के फलस्वरूप स्थगन, महत्त्वाकांक्षी कहकर महिमामंडित की जानेवाली विकास-परियोजनाओं पर प्रश्नचिह्न का ताजा सबूत है। प्रश्न केवल विकास के विरोध का नहीं है, जिंदा रहने के अधिकार की रक्षा का है। जिन परियोजनाओं को सरकारी मीडिया और शासन व अर्थ नीति पर हावी आभिजात्य वर्ग देश के त्वरित विकास के लिए अनिवार्य मानता है, उन परियोजनाओं के औचित्य को चुनौती देनेवालों को विदेशी एजेंट, देशद्रोही और विकास के दुश्मन के रूप में प्रचारित किया जाता है। मौका पड़ने पर सरकारी तंत्र के इस्तेमाल से दमन करके उनको सबक सिखाया जाता है। छोटा नागपुर में आदिवासी नेता गंगूराम की हत्या और टिहरी गढ़वाल में 20 मार्च, 1992 को सोलह बाँध-विरोधी आंदोलनकारियों की एक बस-दुर्घटना के षड्यंत्र के तहत हत्या की गई। पुलिस और गुंडों से मार-पीट और उत्पीड़न की घटनाएँ जिनमें बाबा आम्टे जैसे ऋषि पर गुजरात-मध्यप्रदेश सीमा पर तेज रोशनी व लाउडस्पीकरों के शोर का आक्रमण शामिल है, जैसे अनगिनत उदाहरण हैं। इसलिए सवाल उठता है कि अगर ये सचमुच विकास की योजनाएँ हैं तो प्रभावित लोगों के गले क्यों नहीं उतरतीं ?

सभी मामलों में सरकार का उत्तर यह मिलता है कि परियोजनाओं से विस्थापित होनेवाले लोग भरपूर मुआवजा ले लें। वस्तुस्थिति है कि आजादी के पिछले अड़तालीस वर्षों में बड़ी सिंचाई और जल-विद्युत परियोजनाओं से विस्थापित होनेवाले दो करोड़ लोगों में से अभी डेढ़ करोड़ दर-दर की ठोकरें खा रहे हैं। कुछ शहरों की झुग्गी-झोंपड़ियों में तो कुछ अन्य व्यवसायों को अपनाकर पेट भरकर अपनी जिंदगी के दिन पूरे कर रहे हैं। विस्थापितों को बार-बार यह उपदेश दिया जाता है कि देश के लिए कुछ न कुछ त्याग तो किसी को करना ही पड़ता है। विडंबना है कि विस्थापन की त्रासदी भुगतनेवालों को त्याग का उपदेश देनेवाला वह आभिजात्य वर्ग है जो विकास के सब लाभों के सुखों को भोगता है। उनको कोई त्याग करने की आवश्यकता नहीं है।

बारह जुलाई को मुझे टिहरी बाँध की अनिवार्यता के औचित्य की वकालत करते हुए केंद्रीय ऊर्जा राज्य मंत्री ने कहा कि इससे दिल्ली के चालीस लाख प्यासे लोगों को पानी

मिलेगा। जब मैंने दिल्ली में पानी के वितरण की विसंगतियों के मौजूदा आँकड़े प्रस्तुत करते हुए कहा कि दिल्ली में पानी की कमी का मुख्य कारण तो संपन्न बस्तियों में प्रति व्यक्ति पानी का अत्यधिक अपव्यय है। मंत्रियों के बंगले में ही पानी की प्रति व्यक्ति खपत पाँच सौ पचास लीटर और पाँचतारा होटलों में एक हजार किलो लीटर प्रतिदिन है जबकि गरीब लोगों को मुश्किल से दस लीटर पानी मिलता होगा तो उन्होंने तपाक से उत्तर दिया – यह तो होगा ही, आखिर बंगलों में फर्श, खस-खस की टट्टी, लॉन और स्नानागारों में पानी चाहिए। उन्होंने केवल यह नहीं कहा कि पाँचतारा होटलों में तरणतालों के लिए भी ताजा पानी चाहिए।

मैंने कहा – पानी की समस्या का व्यावहारिक हल तो उसमें किफायत बरतना और जहाँ पानी बरसता हो, वहाँ उसका संग्रह करना है। राजस्थान के रेगिस्तान में घर-घर में पानी जमा करने की व्यवस्था है। तालाब और झील हैं। यदि बाँध आवश्यक ही है तो दिल्ली के निकट यमुना पर बनाना व्यावहारिक होगा।

इस पर तत्काल उनकी प्रतिक्रिया थी – यह आप क्या कहते हैं ? इससे बहुत जमीन डूबेगी यानी दिल्ली के निकट की जमीन कीमती है, वह नहीं डूबनी चाहिए। हिमालय में भले ही भूकंप से बाँध के टूटने और गाद भरने से बाँध के अल्पायु होने के खतरे के बावजूद उपजाऊ भूमि डूबे, इसकी कोई चिंता नहीं है।

समतल मैदानी क्षेत्रों में जंगलों का सफाया करके व उपजाऊ कृषि भूमि को निगलकर विकास आदिवासी और पर्वतीय क्षेत्रों की ओर बढ़ रहा है। वहाँ के लोगों ने सादगी का जीवन जीकर प्राकृतिक संसाधनों का उपयोग किया। उन्हें बचाकर रखा; जल, जंगल और जमीन उनके जिंदा रहने के आधार थे। बाजार की अर्थव्यवस्था से भिन्न उनके संयमपूर्वक उपयोग पर सतत उत्पादन की अर्थव्यवस्था उनके जीवन का आधार थी। अब विकास-परियोजनाएँ उनकी भूमि का मूल्यांकन अपनी आवश्यकताओं के अनुसार रुपए-पैसे में कर उनको लुभाने का प्रयास कर रही हैं। उन्हें ठग रही हैं। इन क्षेत्रों में भूमि विक्रय की वस्तु नही थी। टिहरी-गढ़वाल और उत्तरकाशी, जहाँ पर टिहरी बाँध के लिए भूमि का अधिग्रहण किया जा रहा है, 1949 से पूर्व एक देसी रियासत थे। वहाँ पर जमीन की बिक्री पर पाबंदी थी इसलिए जमीन के भाव-ताव का सवाल ही नहीं उठता था। अब टिहरी बाँध के लिए भूमि के अधिग्रहण का सवाल आया तो यह अढ़ूर में चार सौ रुपए प्रति नाली (बीस हजार रुपए हेक्टेयर) निर्धारित किया गया। लेकिन इसी घाटी में चिन्याली सौड़ में हवाई पट्टी के निर्माण के लिए यह दर चालीस हजार रुपए नाली (बीस लाख रुपए हेक्टेयर) हो गई।

हवाई जहाज का उपयोग करनेवाले इस देश में कितने प्रतिशत लोग हैं ? फिर यह हवाई अड्डा गंगोत्री-यमुनोत्री के तीर्थयात्रियों के लिए बनाया जा रहा है। हवाई यात्रा करनेवाले तीर्थयात्रियों की संख्या भी नगण्य होगी। वास्तविक उद्देश्य तो डालर देनेवाले विदेशी पर्यटकों

के लिए हिमालय के सौंदर्य स्थलों की यात्रा सुलभ और आरामदेह बनाना है। देसी तीर्थ यात्री तो कष्ट उठाकर यात्रा करने में ही संतोष पाते हैं।

इसी प्रकार बिजली की खपत और खास तौर से पीकिंग पावर (सबसे अधिक आवश्यकता के समय संध्याकाल से आधी रात तक) बड़े शहरों और उद्योगों में है। अब उन उद्योगों का महत्त्व बढ़ गया है जो विदेशी मुद्रा कमा सकते हैं। यही हाल कृषि और बागबानी के उत्पादनों का है। भले ही गरीब आदमी के लिए हम दाल और खाद्य तेल का उत्पादन न कर सकें, पर विदेशी मुद्रा कमानेवाले प्याज, अंगूर और अन्य फल-सब्जियों, तंबाकू और बासमती और अब चीनी के लिए गन्ना उत्पादन के लिए अधिक पानी चाहिए। इस प्रकार लाखों लोगों को उजाड़नेवाले बड़े बाँधों को विकास और राष्ट्रीय हित के नाम पर बनाया जा रहा है।

बेजुबान लोगों की आवाज को तथाकथित विकास-परियोजनाओं के पक्ष में धुआँधार प्रचार और बड़े-बड़े विज्ञापनों के द्वारा तो दबाया ही जाता है, लेकिन संसद में भी इसे किस प्रकार समाप्त किया जाता है, इसका ताजा उदाहरण मालिनी भट्टाचार्य को ऊर्जा राज्य मंत्री उर्मिला बेन का संसद में दिया गया उत्तर है। मालिनी भट्टाचार्य ने पूछा कि टिहरी बाँध के विस्थापितों को पुनर्वास में नर्मदा बाँध के विस्थापितों की तरह प्रति परिवार पाँच एकड़ सिंचित कृषि भूमि और 18 वर्ष से अधिक उम्र के प्रत्येक व्यक्ति को अलग परिवार मानने की नीति क्यों नहीं अपनाई जा रही है? उर्मिला बेन का उत्तर था कि हर जगह की अलग-अलग परिस्थिति है इसलिए उत्तर प्रदेश में गुजरात की नीति लागू करने की आवश्यकता नहीं है और पुनर्वास की राष्ट्रीय नीति नहीं हो सकती। हालाँकि ग्रामीण विकास मंत्रालय ने कई महीने पहले राष्ट्रीय पुनर्वास नीति का एक मसविदा बना लिया था पर यह सचिवालय के बाहर नहीं निकला। इसे अब तक मंत्रिमंडल की स्वीकृति ही नहीं मिली है।

आजकल मानवाधिकारों की बहुत चर्चा होती है। अभिव्यक्ति के अधिकार के प्रति मानवाधिकार संगठन बहुत संवेदनशील हैं पर अभिव्यक्ति के अधिकार से पहले जिंदा रहने का अधिकार है। जिंदा रहने के अधिकार पर वहाँ आक्रमण हो रहा है जहाँ रहनेवाले मछुवारे, भूमिहीन यांत्रिक नावों (ट्रालर) और झींगा मछली फार्मों के खिलाफ तो कई स्थानों पर पहाड़ी और आदिवासी लोग खनन, वन, विनाश और बड़े बाँधों से विस्थापन के खिलाफ संघर्षरत हैं। ये संघर्ष पहले से अधिक कठिन होते जा रहे हैं क्योंकि इन परियोजनाओं पर विकास की मुहर लग गई है। इनका संचालन सरकारी निगम या विदेशी कंपनियाँ कर रही हैं जिनके साथ धन-शक्ति के साथ राज शक्ति भी है। एनरान के मामले से तो यह स्पष्ट हो गया है कि लोगों (राजनेताओं) को शिक्षित करने के लिए वे कैसे पानी की तरह पैसा बहाते हैं। कभी-कभी तो वे उस क्षेत्र के जनप्रतिनिधि के लिए बँगला बना देते हैं और उसकी सिफारिश पर ठेके और नौकरियाँ देकर उनको अपना प्रवक्ता बना

देते हैं। टिहरी बाँध के मामले में तो इन दिनों आंध्रप्रदेश के राजनेताओं की एक कंपनी को बिना टेंडर के ही निकासी मार्ग बनाने का करोड़ों रुपए का ठेका दे दिया गया है और वहीं के एक संसद सदस्य का बेटा, पिता और पत्नी इसके साथ जुड़े हुए हैं। इस प्रकार की परियोजनावाले क्षेत्रों के प्रशासनिक और पुलिस अधिकारियों को ही नहीं, कभी-कभी तो न्यायिक अधिकारियों को भी कार्पोरेशन और विदेशी कंपनियाँ व ठेकेदार अपनी जेब में रखते हैं। टिहरी परियोजना के ठेकेदार सुदूर उड़ीसा, बिहार और आंध्रप्रदेश के आदिवासी मजदूरों को बंधुआ मजदूर के तौर पर रखते थे। इसका राज तो तब खुला जब मामला उच्चतम न्यायालय में पहुँचा। इन दिनों हिमालय प्रदेश में कार्यरत एक कंपनी के बीस मजदूरों का कोई अता-पता नहीं है।

पढ़े-लिखे शहरी लोग जो पर्यावरण के नाम पर बड़े-बड़े सम्मेलन और गोष्ठियाँ करते हैं, वे इन परियोजनाओं के नाम पर किए जानेवाले मानव अस्तित्व के प्रति जघन्य अपराध को पर्यावरण बनाम विकास की बहस का नाम देकर हल्का कर देते हैं और वास्तविक समस्या – जिंदा रहने के सवाल को ही अप्रासंगिक बना देते हैं। इसलिए पर्यावरण बनाम विकास की बहस के बजाय जिंदा रहने के अधिकार बनाम विकास को बहस का असली मुद्दा बनाना चाहिए। इसी परिप्रेक्ष्य में इन परियोजनाओं को न्यायालय में चुनौती दी जानी चाहिए। यह प्रबुद्ध वर्ग की पीड़ित लोगों के प्रति सबसे बड़ी सेवा होगी। जीवित रहने का अधिकार सबसे बड़ा मानवाधिकार है। इसलिए मानवाधिकारों के लिए संघर्ष करनेवालों को सबसे पहले इसी बात पर ध्यान देना होगा कि मनुष्य को अपने परिवेश, अपनी विशिष्ट जीवन-शैली और सांस्कृतिक पहचान के साथ जीने का अधिकार है कि नहीं।

अगर है तो फिर विकास की सभी अवधारणाएँ प्रगति के लिए अपनाई जानेवाली सभी परियोजनाएँ इसी कसौटी पर खरी उतरनी चाहिए वरना उन्हें बदल देना चाहिए। बिना इस मौलिक अधिकार के मानवाधिकारों की बात करना बेमानी होगा। लेकिन अगर हमारे बुद्धिजीवी और नीति नियंता यह मानते हैं कि कथित आर्थिक विकास ही मुख्य उद्देश्य है और उसके लिए किसी भी समूह के सभी प्रकार के अधिकारों को दबाया जा सकता है तो फिर मानवाधिकार के नाम पर चलनेवाली दुनिया-भर में सैकड़ों दुकानें बंद होनी चाहिए। सहज विवेक का तो तकाजा है कि विकास के केंद्र में स्वयं मनुष्य होना चाहिए खास कर वह मनुष्य जिस पर इस तरह की विकास-योजनाओं का सीधा असर पड़ता है। जो लोग पीड़ित नागरिकों को राष्ट्र के लिए त्याग करने की सलाह देते हैं, उन्हें इसी सिद्धांत को पहले अपने ऊपर लागू करना चाहिए। ऐसा न किया गया तो शोषणरहित समाज, लोकतंत्र, सामाजिक न्याय, विश्व बंधुत्व जैसी बातें भ्रम-जाल के अतिरिक्त कुछ भी नहीं।

5

वनों का क्रंदन अरण्य-रुदन से संयुक्त राष्ट्र तक

विश्व के रहे-सहे वनों को बचाने की 'चिपको' जैसे जन-आंदोलनों की माँग अब अरण्य-रुदन मात्र नहीं रह गया है, बल्कि वह तो अस्तित्व के लिए मानव मात्र की सशक्त माँग बन गई है। विश्व के कई भागों – सारावाक (मलेशिया), ब्राजील और अमेंजोनिया, उत्तरी कनाडा आदि में अपने जीवन प्राण वनों को बचाने के लिए आदिवासियों के आंदोलनों को दबाने के निहित स्वार्थों के प्रयासों के बावजूद भी अब इसकी चिनगारियाँ संयुक्त राष्ट्र संघ तक पहुँच गई हैं।

19 सितम्बर, 1990 को एक नई घटना हुई, आपातकालीन विशेष अधिवेशन की माँग को लेकर विश्व के 23 देशों में से 30 लाख हस्ताक्षरों की याचिका लेकर विभिन्न देशों से आए लगभग बीस लोगों का एक दल संयुक्त राष्ट्रसंघ में जा पहुँचा। कुबेर नगरी न्यूयार्क में स्थित संयुक्त राष्ट्रसंघ की बहुमंजिली इमारत में ये लोग भद्रजनों जैसे चमड़े के थैलों में कागज दबाए हुए नहीं बल्कि हाथ-ठेलों पर याचिकाओं के पुलिंदे लेकर प्रविष्ट हुए। सेक्रेटरी जनरल की ओर से उनके सहकारी श्री वीरेन्द्र दयाल, स्वागत कक्ष में विश्व वर्षा वन आंदोलन के उस शिष्टमंडल से मिलने आए। परंतु शिष्टमंडल के सदस्यों ने कहा, हम तो सेक्रेटरी जनरल से मिले बिना नहीं जाएँगे। हाथठेलों से याचिकाओं के पुलिंदे उतारकर जमीन पर रख दिये और उनके चारों ओर घेरा बनाकर चुपचाप बैठ गए। यह मौन सत्याग्रह सफल हुआ और कुछ देर में संदेश आया – यद्यपि आज महासभा के अधिवेशन का पहला दिन होने के कारण सेक्रेटरी जनरल बहुत व्यस्त हैं, लेकिन इस विषय के महत्त्व को देखते हुए प्रतिनिधिमंडल के चार सदस्यों से मिलेंगे।

वनों की विपदा को दूरदराज के इलाकों से महासभा तक पहुँचाने की शुरुआत, दो वर्ष पहले इंग्लैंड से प्रकाशित होनेवाली पत्रिका 'इकालाजिस्ट' ने वन-विनाश पर एक विशेषांक और उसके साथ अपील का मसविदा प्रकाशित कर, की थी। प्रायः यह समझा जाता रहा है कि वनों का विनाश गरीब लोग कर रहे हैं। वे वनों को काटकर, जलाकर खेती का विस्तार कर रहे हैं, लेकिन तथ्य इसके विपरीत ही हैं। वास्तव में वनों के विनाश के लिए सबसे बड़ी जिम्मेवारी है औद्योगिक सभ्यता और आर्थिक विकास की। उष्णकटिबंधीय वर्षा वनों को जिनकी तबाही की आज सर्वत्र चर्चा है, छोड़ भी दें तो संपन्न यूरोप में रोमन

साम्राज्य के जमाने से 70 प्रतिशत वन लुप्त हो गए हैं। संयुक्त राज्य अमेरिका में जब पहले गोरे आदमी के चरणचिह्न पड़े थे तो 32 लाख वर्ग कि. मी. वन थे, लेकिन इस समय केवल 2 लाख 20 हजार वर्ग कि. मी. वन-क्षेत्र ही रह गया है। वनों की कटाई जारी है और वनों के नाम पर जो वृक्ष लगाए जा रहे हैं, वे वन नहीं, एकल प्रजाति के पेड़ों के खेत हैं। यहाँ भी कृषि और नगरों के विस्तार से वनों की मौत हुई है। इन उद्योगप्रधान देशों में वाहनों और कारखानों के धुएँ से तेजाबी वर्षा ने कहर ढा दिया है। यूरोप के 25 देशों में तेजाबी वर्षा से 70,000 वर्ग मि. मी. वन नष्ट हो गए हैं।

उष्णकटिबंधीय वन यद्यपि धरती के केवल 12 प्रतिशत क्षेत्र में हैं, लेकिन इनमें इस धरती पर विद्यमान सभी प्रजातियों के पचास से नब्बे प्रतिशत तक हैं। ये बहुत सघन हैं, लेकिन ये वन विश्व खाद्य और कृषि संगठन के अनुसार एक करोड़ हेक्टेयर और नार्मन मायर्स के अनुसार 2 करोड़ हेक्टेयर वार्षिक की दर से लुप्त हो रहे हैं। पचास वर्षों में इस उपग्रह से उष्णकटिबंधीय वन पूर्णतया लुप्त हो जाएँगे। भारत विश्व के उन सत्रह देशों में से एक है, जिनमें वन-विनाश की गति बहुत तीव्र है।

वन-विनाश विकास के नाम पर चलाई जानेवाली मौजूदा सामाजिक और आर्थिक नीतियों का अवश्यंभावी परिणाम है। इन नीतियों और कार्यों में शामिल हैं – नई रोपबानियाँ – दोनों औद्योगिक वानिकी और निर्यात के लिए पैदा की जानेवाली व्यापारिक फसलें, पशु-चारण और मांस पैदा करने की योजनाएँ, बाँध परियोजनाएँ, वनों की व्यापारिक कटाई, खनन और उद्योग, किसानों और स्थानीय लोगों का विस्थापन, उपनिवेश बसाने की योजनाएँ, सड़कें, प्रदूषण और पर्यटन।

वनों के रक्षक क्या कहते हैं ?

पर्यावरण की रक्षा के लिए विश्वविख्यात आंदोलनकारी, लेखक और वक्ता 'इकालाजिस्ट' के संपादक एडवर्ड गोल्डस्मिथ के अनुसार तीसरा विश्वयुद्ध आरंभ हो गया है और युद्ध प्रकृति के खिलाफ है। चालीस वर्ष पहले अफ्रीका की पारिस्थितिकी के एक प्रमुख फ्रांसीसी विद्यार्थी ने लिखा था कि हम वनस्पति जगत की मृत्यु-युद्ध देख रहे हैं। अफ्रीका तो अब मौत के निकट है, लेकिन अब यही युद्ध भारत, श्रीलंका, दक्षिणी एशिया और दक्षिणी अमेरिका में हो रहा है। विश्व के अन्न के कटोरे अमेरिका में पहुँच गया है। वहाँ के विस्तृत मैदान धूल के ढेर और नमकीन रेगिस्तान में बदल रहे हैं।

आर्थिक विकास और हमारा यह विश्वास कि विज्ञान, तकनीकी और उद्योगों के द्वारा धरती पर स्वर्ग उतर सकता है, प्रकृति-जगत की मौत के लिए उत्तरदायी है। इससे इनकार नहीं किया जा सकता है कि आर्थिक विकास से हमें मानव-निर्मित भौतिक और तकनीकी लाभ मिलते हैं। वाहन, हवाई जहाज, कपड़ा धोने की मशीनें, प्लास्टिक की बाल्टियाँ, डिब्बा बंद खाना आदि, लेकिन इससे हम प्राकृतिक जगत से मिलनेवाले वास्तविक लाभों – परिवार और समुदाय, उपजाऊ मिट्टी, पर्याप्त और स्वच्छ जल और अनुकूल जलवायु – से वंचित

हो रहे हैं।

मलेशिया की धरती के मित्र संस्था, जिसे पिछले वर्ष वैकल्पिक नोबल पुरस्कार मिला था, की सचिव शी योक लिंग ने कहा : लोगों की जिंदा रहने की आवश्यकताओं और भोगवादी सभ्यता द्वारा पैदा किए गए लोभ-लालच के बीच लड़ाई छिड़ी है। मलेशिया से प्रति वर्ष ८00,000 हेक्टेयर वनों को काटकर निर्यात किया जा रहा है। इस शताब्दी के अंत तक वहाँ के वन समाप्त हो जाएँगे। पिछले तीन वर्षों से दूरस्थ सारावाक के इलाके में बड़ी-बड़ी कंपनियाँ जंगलों की कटाई कर रही हैं। वहाँ के पेनान आदिवासी, जो वनों को अपने जीवन-प्राण मानते हैं, वनों की रक्षा के लिए आंदोलन कर रहे हैं। थाईलैंड और फिलीपीन्स जैसे देश, जो कभी विश्व के सबसे बड़े लकड़ी के निर्यातक होने का दावा करते थे, अब पारिस्थितिकीय तबाही – बाढ़, सूखा के शिकार हैं। अपनी आवश्यकताओं के लिए लकड़ी का आयात करने लगे हैं।

फिलीपीन्स के मैक्सिमो जूनी कालाव के अनुसार जापान वहाँ के वनों की कटाई केवल अपने लिए ही नहीं, संयुक्त राज्य अमेरिका में तस्करी के लिए भी कर रहा है।

बड़े-बड़े बाँध और विकास-योजनाएँ किस प्रकार वनों को तबाह कर रही हैं, इसका ब्यौरा देते हुए भारत से 'लोकायन' के स्मित कोठारी ने कहा, महाराष्ट्र के चन्द्रपुर जिले में उद्योगों की स्थापना के लिए तथा नर्मदा पर बननेवाले कई बाँधों के कारण महाराष्ट्र और गुजरात के लाखों आदिवासी परिवार और उनके जीवन-प्राण वन उजड़ गए हैं। विकास-योजनाएँ जब वन-क्षेत्रों में पहुँचती हैं तो उनके साथ विस्थापन की त्रासदी भी पहुँचती है।

आस्ट्रिया की फ्रेडा ब्लाऊ ने, जो कुर्तवाल्डहाइम के खिलाफ अपने देश में राष्ट्रपति के चुनाव लड़ चुकी हैं, ने कहा, "हम यूरोप के लोग वनों को बचाने के जागतिक प्रयास में दो कारणों से शामिल हो रहे हैं : (1) यूरोप मौजूदा औद्योगिक समाज का पलना रहा है। इसलिए यह हमारा विशेष दायित्व है कि हम हमारे बाहुल्यवाले समाजों में औद्योगिक उत्पादक और उपभोग के कुप्रभावों को कम करने के लिए पर्यावरणीय तबाही को रोकने के लिए प्रयास करें। (2) हम इस तथ्य को स्वीकार करते हैं कि औद्योगिक राष्ट्रों की संपदा का अधिकांश भाग तीसरी दुनिया के देशों के अतीत में हुए निर्मम शोषण से, जो अभी तक जारी है, आया है।"

संयुक्त राष्ट्रसंघ से माँग क्यों ?

जब संयुक्त राष्ट्र महासचिव से मिलने एडवर्ड गोल्डस्मिथ, शी योक लिंग, जीस लुटजनबर्गर और इन पंक्तियों का लेखक गए तो उन्होंने कहा : संयुक्त राष्ट्रसंघ पर्यावरण की रक्षा के लिए प्रयत्नशील है। जन-जन में चेतना पैदा करने के लिए उन्होंने हस्ताक्षर-अभियान के लिए आयोजकों को धन्यवाद दिया। लेकिन याचिका देनेवालों ने कहा, "वन-विनाश ने प्राणिमात्र की सुरक्षा के लिए खतरा पैदा कर दिया है। ये तो 30 लाख हस्ताक्षर ही

हैं। ये तीन अरब भी हो सकते थे, यदि हमारे पास संयुक्त राष्ट्र के साधन होते। प्रकृति के खिलाफ युद्ध छिड़ा हुआ है। हम संयुक्त राष्ट्रसंघ को विश्व नागरिक आंदोलन का प्रतिनिधि मानकर विश्व नागरिकों के नाम पर यह अनुरोध करने के लिए आए हैं कि संयुक्त राष्ट्र के सब भौतिक और बौद्धिक साधनों का उपयोग इस युद्ध को, जिसे यदि रोका न गया तो मानवजाति का विनाश होगा, रोकने के लिए उपयोग करें। हिमयुग के बाद यह सबसे बड़ी विपदा है। मानव-निर्मित सबसे बड़ी पारिस्थितिकी तबाही और सभ्यता के लिए आणविक युद्ध के बाद के दूसरे नंबर का खतरा।''

जागतिक स्तर पर वन-चेतना जगाने के लिए 'चिपको' आंदोलन की भूमिका महत्त्वपूर्ण रही है। 'चिपको' आंदोलन ने तबाही की ओर ले जानेवाले ज्ञान के स्थान पर सामान्य लोगों की बुद्धिमत्ता को प्राथमिकता देने के लिए आवाज उठाई। यही बुद्धिमत्ता मरते हुए उपग्रह को बचा सकती है। आंदोलन का संदेश बहुत सरल है, ''वनों को लकड़ी की खानें या औद्योगिक कच्चे माल के संसाधन मानने के बजाय, प्राणवायु दाता, कार्बन-डाई-ऑक्साइड का प्रचूषण करनेवाला, नदियों की माँ और स्थायी बाँध तथा मिट्टी पैदा करने के कारखाने माना जाना चाहिए। उन वन उपजों के उपयोग में, जिनके लिए पेड़ कटते हों, संयम बरता जाए और इनके विकल्प ढूँढ़े जाएँ। मानव और अन्य प्राणियों की अनिवार्य आवश्यकताओं की पूर्ति के लिए खाद्य, चारा, ईंधन, जैविक खाद और रेशा देनेवाले पेड़ों को बड़े पैमाने पर लगाने का विश्वव्यापी अभियान चलाया जाए। इससे धरती के घाव भरेंगे और हल की फाल का उपयोग से मुक्ति मिलेगी। यह तब ही संभव है यदि वनों का प्रबंध बड़े नगरों से होने की बजाय वनवासी समुदाय ही करें। ये समाज जिंदा हैं, क्योंकि उन्होंने औद्योगिक सभ्यता की तरह धातु और खनिजों की बजाय अपने जीवन का आधार नवीनीकृत साधन बनाए हैं। यहाँ तक कि खाना खाने के लिए वे प्लेट के बजाय पत्तलों का उपयोग करते रहे हैं। शायद सबको यही जीवन-पद्धति अपनानी होगी।

6

अतीत में छिपा मानव-जाति का भविष्य

पंद्रह वर्ष पहले जब चिपको आंदोलन की इस घोषणा के कारण कि जंगल की मुख्य पैदावार मिट्टी, पानी और प्राणवायु है, हमें विज्ञान, विकास और लोकतंत्र का दुश्मन करार दिया गया था, मैंने अपनी व्यथा-कथा मीरा बहन के आश्रम के श्री धर्मपाल से कही थी, उनका सुझाव था कि हमें भारत के दो महान वैज्ञानिकों – डॉ. आत्माराम और डॉ. दौलत सिंह कोठारी – से मिलकर वैज्ञानिक समुदाय से इसका निर्णय करा लेना चाहिए कि सच्चाई क्या है। धर्मपाल ने कई वर्षों तक इंग्लैंड में रहकर ब्रिटिश म्युजियम लाइब्रेरी में अंग्रेजों के भारत में आने के बाद तैयार किये गये दस्तावेजों का अध्ययन किया था। वे इस निष्कर्ष पर पहुँचे थे कि भारत की परम्परागत विज्ञान और तकनीक पश्चिम की औद्योगिक क्रांति से जन्मी शोषणकारी पद्धति से श्रेष्ठ और मानवीय थी। उसे पश्चिमी सभ्यता का प्रभुत्व स्थापित करने के लिए मिटाया गया। डॉ. कोठारी और आत्मारामजी से मिलकर वैज्ञानिक समुदाय को इकट्ठा करना तो संभव नहीं हुआ, लेकिन 1981 में वाराणसी में हुई भारतीय विज्ञान कांग्रेस में शामिल होने का मुझे निमंत्रण मिला और वहाँ पर 'चिपको' आंदोलन का भारत की पारिस्थितिकीय तबाही – बाढ़ और सूखे के प्रकोप से बचाने का एक सही रास्ता बताया गया। इससे व्यवस्था द्वारा किया जानेवाला हमारा उत्पीड़न रुक गया।

धर्मपाल का अध्ययन पुस्तक के रूप में प्रकाशित हुआ है। इससे युवा वैज्ञानिकों में, जो पश्चिम की तकनीकी के कुप्रभावों से मुक्त होने का मार्ग ढूँढ़ रहे थे, एक नयी आशा का संचार हुआ। तकनीकी संस्थान में भौतिकशास्त्र पढ़ानेवाले प्रो. सी.वी. शेषाद्रि को लगा कि वे अपना समय ऐसे विद्यार्थियों को तैयार करने में गँवा रहे हैं, जो भारत के गरीब लोगों की कोई सेवा नहीं कर सकते। वे अध्यापन का काम छोड़कर मद्रास के निकट एक गाँव में झोंपड़ी बनाकर सामान्य लोगों के हित के लिए विज्ञान और तकनीक पर कार्य करने लगे। शेषाद्रि का केंद्र भारत की पृष्ठभूमि में यहाँ के गरीबों के लिए सोचने और कुछ करने की तमन्ना रखनेवाले युवा वैज्ञानिकों का प्रेरणा-केंद्र बन गया है। मद्रास स्थित भारतीय तकनीकी संस्थान के युवा वैज्ञानिकों ने लोक विज्ञान प्रतिष्ठान की स्थापना की और देश-भर में बिखरे हुए समान विचारवालों से सम्पर्क साधने लगे। इस पृष्ठभूमि में 28 नवम्बर से 3 दिसम्बर तक भारतीय तकनीकी संस्थान पवई (बम्बई) में

पारम्परिक विज्ञान और तकनीकियों की पहली कान्फ्रेंस हुई। इसमें 1200 प्रतिनिधि आये। इनमें विश्वविद्यालयों के शिक्षक और अनुसंधानकर्ता, सक्रिय आंदोलनकारी, परम्परागत पद्धतियों से और जल प्रबंध के क्षेत्र में कार्य करनेवाले लोग थे। इन विषयों पर एक प्रदर्शनी का आयोजन भी किया गया था।

कृषि की नयी दिशा

'अगर हरित क्रांति न आती तो भारत भूखों मर जाता' यह कहने और साबित करनेवालों की आज चारों ओर भरमार है। परंतु मद्रास के श्री मुकंदन, जे.के. बजाज और श्रीनिवास ने तंजौर स्थित तमिलनाडु विश्वविद्यालय में सुरक्षित ताड़पत्रों पर लिखे आलेखों के आधार पर बताया कि दो सौ वर्ष पहले जब अंग्रेज भारत आये थे, तो प्रति हेक्टेयर 8 टन धान पैदा होता था। इसके लिए गाँव-गाँव में सिंचाई के लिए तालाब थे। कृषि पैदावार का तीस प्रतिशत भाग गाँव की सेवाओं – मंदिर, शिक्षा, प्रशासन और अन्य कार्यों में खर्च होता था। आज उतनी ही पैदावार हरित क्रांति की पद्धतियों से होती है, लेकिन यह अत्यधिक खर्चीली है। रासायनिक खाद की आवश्यकताएँ दिन-प्रतिदिन बढ़ती जा रही हैं। यह 1980-81 में 55 लाख मैट्रिक टन थी, तो 1990-91 में 1 करोड़ 27 लाख मैट्रिक टन हो गयी। उ.प्र. में जहाँ अनाज की पैदावार 1979-80 में 16439.043 हजार टन थी, अवश्य ही 1990-91 में बढ़कर 35671.1 हजार टन हो गयी, लेकिन दाल का उत्पादन कम हो गया। पहले केवल प्रति हेक्टेयर 56.28 किलो रासायनिक खाद की आवश्यकता पड़ती थी। अब यह पैदावार का वही स्तर कायम रखने के लिए बढ़कर 82.53 किलो प्रति हेक्टेयर हो गयी है। भारत में रासायनिक खादों के उत्पादन और निर्यात पर खर्च साल दर साल बढ़ता ही जा रहा है। उसके साथ-साथ कीटनाशकों, मशीनों, पानी और ऊर्जा का उपयोग भी बढ़ता जा रहा है। कृषि की आधुनिक यांत्रिक पद्धति बिना भारी सरकारी मदद के जिंदा नहीं रह सकती। भारत में यह मदद खाद, बीज और कीटनाशकों पर अनुदान तथा सिंचाई व बिजली की बहुत सस्ती दरों के रूप में दी जा रही है। फ्रांस के किसान गैट के विरोध में इसलिए खड़े हुए हैं कि इस समझौते के बाद कृषि पर मिलनेवाली सरकारी सहायता बंद हो जायेगी।

परंतु यांत्रिक कृषि का सबसे बड़ा खतरा मिट्टी की गुणवत्ता में ह्रास और पानी के स्थायी स्रोतों के क्षय में है। पंजाब के लुधियाना जिले में धान की खेती की पानी की आवश्यकता की पूर्ति के लिए प्रति वर्ष ट्यूबवैल 0.8 मीटर गहरे हो रहे हैं। भारत में सिंचित भूमि का 36 प्रतिशत (2 करोड़ हेक्टेयर) विश्व-चौकसी-संगठन के अध्ययन के अनुसार, दलदल, खारापन और क्षारीयता से ग्रस्त हो चुका है। गहरी जुताई के कारण प्रति वर्ष भूक्षरण से नष्ट होनेवाली 600 करोड़ टन मिट्टी का क्षय, इससे अलग है। यांत्रिक कृषि में ऊर्जा की, वह भी पैट्रोलियम पदार्थों व बिजली की आवश्यकता बढ़ती जाती है। बैल का स्थान ट्रैक्टर एवं थ्रेशर ने और हल का स्थान लोहे के कृषि यंत्रों ने ले लिया है।

कृषि एक संस्कृति न रहकर व्यापार बन गयी है। यह सारी परिस्थिति तब पैदा हुई, जब हमारे किसानों ने अमेरिका को अपना गुरु बनाया। वहाँ परम्परागत किसान मिट गये। और खेत धूल के अंबार में बदल गये। इस परिस्थिति से विचलित होकर कई प्रबुद्ध वैज्ञानिक प्रयोगशालाएँ छोड़कर मिट्टी की जीवन-शक्ति को वापस लौटाने के लिए जैविक खेती करनेवाले किसान बन गये।

गाँधी को हमसे अधिक भारत से बाहर क्यों माना जाता है? इसका अहसास मुझे 1985 में मैक्सिको के एक ग्रामीण ने यह कहते हुए कराया, 'काश! इस देश में भी कोई गाँधी होता! हमें स्पेनवालों ने न तो मैक्सिकोवाला ही रखा है और न स्पेनवाला ही बनाया। गाँधी ने भारत की भारतीयता जिंदा रखी। आप भारतीय ही हैं। गाँधी भारत के अतीत और वर्तमान को जोड़नेवाली एक कड़ी थे, जो भावी भारत का निर्माण भारतीय संस्कृति के मूल्यों के आधार पर करना चाहते थे। वे जीवन का ताना-बाना भारतीय संस्कृति के ऊपर आधारित कला, विज्ञान और तकनीकी से बुनना चाहते थे, जिससे मानवीय मूल्यों की रक्षा हो सके और भारत मरते हुए उपग्रह के लिए जीवन की राह बतानेवाला अपना पुराना गौरव प्राप्त कर सके।'

राष्ट्र की मुख्य धारा तो विपरीत दिशा में चली गयी। चारों ओर घुप्प अँधेरा छा गया, लेकिन इस घनघोर अंधकार के बीच में स्वतंत्र प्रयोगों के वे छोटे-छोटे दीप टिमटिमा रहे हैं, जिसकी प्रशस्ति गुरुदेव रवीन्द्रनाथ टाकुर ने अपनी कविता में गायी है। कांग्रेस ने कुछ परम्परागत शिल्पियों और विद्वानों को सम्मानित किया है। मुझे कांग्रेस की ओर से उनका अभिनंदन करते हुए भारत की सृजनात्मक संस्कृति को जीवित रखनेवाले उनके हाथों का स्पर्श करने का सौभाग्य प्राप्त हुआ है। उनकी रचनाएँ नयी दुनिया के द्रष्टाओं के लिए प्रेरणा और पथ-प्रदर्शन का कार्य करेंगी।

यहाँ उन कुछ प्रयोगों का उल्लेख करना आवश्यक है, जो कृषि और भूमि उपयोग के क्षेत्र में सर्वत्र अपनाए जा सकते हैं। अरविन्द आश्रम, पांडिचेरी के ग्लोरियालैंड के श्री महेन्द्रपाल ने एक एकड़ असिंचित भूमि में खाद के लिए एक गाय का गोबर पर्याप्त पाया है और एक एकड़ सिंचित भूमि के लिए दो गायों को आवश्यक बताया है। उन्होंने खेतों की मेंड़ पर फलीदार पेड़ लगाये, जहाँ रासायनिक खादवाले खेतों में पानी की तिगुनी आवश्यकता थी, वहाँ एक-तिहाई पानी से उन्होंने प्रति हेक्टेयर 8 से 10 टन मोटे और 4 से 6 टन बारीक चावल का उत्पादन किया, जहाँ रासायनिक खादों से केवल 200 टन घास तीन वर्ष तक प्राप्त होती थी, जैविक पद्धति से 10 वर्ष तक 400 टन प्रति हेक्टेयर घास प्राप्त हुई।

सत्तारा जिले की फालतन तहसील के आसु गाँव के किसान फुले ने केंचुओं की खाद से उत्साहजनक परिणाम प्राप्त किये। उनकी खेती, सारे गाँव का पानी वहाँ से बहने के कारण, खारापन से ग्रस्त थी। वे रासायनिक खाद का उपयोग करते थे। सन् 1988 में उन्होंने रासायनिक खाद को त्यागकर गोबर और सूखी पत्तियों की खाद का उपयोग किया।

कुएँ के पानी से सिंचाई की। गन्ने की पैदावार जो रासायनिक खाद से 100 टन प्रति हेक्टेयर थी, 125 टन प्रति हेक्टेयर हो गयी। पहले वर्ष इस पद्धति से 28,750 रुपये का लाभ था, तो रासायनिक पद्धति से 26,250 रुपये का, दूसरे वर्ष 46,250 का तो रासायनिक पद्धति से 18,750 रुपये का, तीसरे वर्ष भी 46,250 रुपये का, लेकिन रासायनिक पद्धति में शून्य था। इसी प्रकार अंगूर की एक एकड़ खेती में रासायनिक पद्धति से 9,375 रुपये, तो इस पद्धति से 3,675 रुपये का खर्च हुआ।

मिर्च, सब्जी और फलों की खेती में भी केंचुए की खाद के लाभदायी परिणाम मिले हैं। हमारे देश की अधिकांश भूमि असिंचित है और बेकार परती भूमि का क्षेत्रफल भी बहुत अधिक है। ऐसी भूमि के लिए वृक्ष-खेती का बहुत महत्त्व है। पिछले कुछ वर्षों से खेती के नाम पर युक्लिप्टिस की खेती को बढ़ावा दिया गया। इस पेड़ को पानी की अत्यधिक आवश्यकता और भूमि की उर्वरा शक्ति को नष्ट करने के कारण कर्नाटक के छोटे किसानों ने दस वर्ष पहले एक करोड़ पौधे उखाड़ दिये थे। दूसरी ओर किसान अपनी खेती की मेंड़ पर भीमल, सेमल, सिरिस, बकायन, शीशम, तून, नासपाती, बेल, अमरूद, पपीता, बेल, आँवला, बेर, जामुन जैसे बहुधंधी पेड़ लगाते हैं।

हमारे यहाँ जो कुछ पश्चिम से आता है, उसी को लाभदायक मानने की गुलाम मनोवृत्ति अभी कायम है। अब पश्चिम में नीम की प्रशस्ति होने लगी है, तो भारत में भी नीम के दिन फिर आये हैं। अंग्रेजों ने युद्ध की आवश्यकताओं को पूरा करने के लिए करोड़ों नीम के पेड़ काट डाले थे। भारत के गाँवों में इस बहुधंधी पेड़ का बड़ा महत्त्व था, यह गाँव का वैद्य था। इसकी पत्तियों, छाल, टहनियों, फूल, फल, बीज, खली और तेल का औषधीय कार्यों के लिए उपयोग होता था। यह रासायनिक कीटनाशकों का विकल्प और इसकी खली उत्तम खाद है। यह साधारण मिट्टी में भी पैदा हो सकता है। नीम की भारतीय कृषि में महत्त्वपूर्ण भूमिका होगी।

परम्परागत पद्धतियाँ आधुनिक विज्ञान की कसौटी पर खरी उतरी हैं। उनके लिए एक ही खतरा है। निहित औद्योगिक स्वार्थ, जो आज की व्यवस्था को नियंत्रित करना चाहते हैं, उनको पनपने नहीं देंगे। इसलिए परम्परागत विज्ञान कांग्रेस की सार्थकता को सिद्ध करने के लिए मानवतावादी वैज्ञानिकों, समाज-परिवर्तन के लिए प्रतिबद्ध आंदोलनकारियों और संवेदनशील साहित्यकारों, कलाकारों और पत्रकारों को एक मंच पर आना होगा।

[बम्बई में 28 नवम्बर से 3 दिसम्बर तक भारत के पारम्परिक विज्ञान पर आयोजित कांग्रेस की चर्चाओं पर आधारित]

7

मानव का प्रकृति के खिलाफ तीसरा विश्वयुद्ध छिड़ चुका है

अस्सी के दशक में 'चिपको' आंदोलन का प्रसार एक राष्ट्रीय ही नहीं, जागतिक घटना है। सत्तर के दशक में प्रारंभ हुआ यह आंदोलन अस्सी के दशक में ही व्यापक हुआ है और आज भी जिंदा है। उत्तर प्रदेश के पर्वतीय जिलों में जहाँ इस आंदोलन का अवतरण हुआ, 5 अप्रैल 1981 को 1000 मीटर से अधिक ऊँचाई के क्षेत्र में हरे पेड़ों की व्यापारिक कटाई पर पाबंदी लगी जो आज भी लगी है। केंद्र सरकार ने सभी राज्यों को निर्देश दिया कि वे अपनी कार्य-योजनाओं में इस आशय का संशोधन करें। सामान्यतः पूरे देश में और मुख्यतः पर्वतीय क्षेत्रों में वनों की कटाई में कटौती हुई है और वन-संरक्षण व वन-रोपण को प्रधानता दी गई है। यह 'चिपको' आंदोलन द्वारा बनाए गए मनोवैज्ञानिक वातावरण का फल है।

इस आंदोलन की एक मुख्य घटना 30 मई, 1981 को प्रारंभ हुई। कश्मीर-कोहिमा चिपको पदयात्रा है, जिसके दौरान पदयात्रियों ने इस संदेश को जम्मू-कश्मीर, हिमाचल प्रदेश, उत्तर प्रदेश, दार्जिलिंग, सिक्किम, अरुणाचल, असम और नागालेंड के अलावा नेपाल और भूटान के दूरस्थ और दुर्गम क्षेत्रों की 300 दिनों तक 4870 कि. मी. की पैदल यात्रा कर फैलाया।

8 सितम्बर, 1981 को चिपको आंदोलन सुदूर उत्तर से सुदूर दक्षिण में कर्नाटक के सिरसी क्षेत्र में 'अप्पिको' के नाम से प्रकट हुआ और अब यह दक्षिण में केरल के वायनाड, कर्नाटक के कई जिलों और तमिलनाडु के नीलगिरि क्षेत्र में सक्रिय है। उड़ीसा में इस आंदोलन की प्रेरणा से गंधमर्दन में बाक्साइट खनन की बाल्को की प्रस्तावित योजना से वहाँ के लोग प्राकृतिक वन को बचा सके तो मध्य प्रदेश के खंडवा जिले में पिछले ही वर्ष नर्मदा सागर के डूब क्षेत्र में सघन वनों को कटने से बचा सके। देहरादून में नाहीं-बड़कोट में चूना-खनन रोका गया।

आंदोलन का एक नया आयाम सही प्रकार के पेड़ों को लगाने और धरती के शोषक युक्लिप्टिस जैसे पेड़ों को उखाड़ने के रूप में प्रकट हुआ है। हिमाचल प्रदेश में 'चिपको'

आंदोलन के अग्रदूत श्री कुलभूषण 'उपमन्यु' और उनके दो साथी युक्लिप्टिस उखाड़ने के आरोप में गिरफ्तार होकर पचास दिनों तक जेल में बंद रहे।

भारत की सीमाओं के पार

यह आंदोलन भारत की सीमाओं को लाँघकर पूर्व और पश्चिम के देशों में फैला है। इस संदर्भ में स्विट्ज़रलैंड में अक्तूबर, 1984 में वन-पदयात्रा, आस्ट्रिया में डैन्यूब बाँध का विरोध, मलेशिया के सारावाक क्षेत्र में वनों को बचाने के लिए जन-आंदोलन और सैकड़ों गिरफ्तारियाँ, कनाडा के एक टापू में 'वन बचाओ' आंदोलन आदि कई प्रसंग 'चिपको आंदोलन' द्वारा प्रत्यक्ष रूप से प्रभावित थे। थाईलैंड की संस्था 'शांति और एकता' ने वहाँ के वन-विनाश को रोकने के लिए जन-आंदोलन चलाने हेतु 'चिपको' का व्यावहारिक प्रशिक्षण देने हेतु लेखक और डॉ. इन्दु टिकेकर को मार्च, 1989 में दस दिनों के लिए आमंत्रित किया और सुदूर उत्तरी व पूर्वी क्षेत्रों तक इस आंदोलन का संदेश पहुँचाया। थाईलैंड विश्व का पहला देश है, जहाँ पर पेड़ों की कटाई पर पूर्णतया प्रतिबंध लगा हुआ है।

'चिपको' आंदोलन को राष्ट्रीय स्तर पर सिंघवी राष्ट्रीय एकता पुरस्कार (1985), जमनालाल बजाज पुरस्कार (1986), वृक्षमित्र पुरस्कार (1987), शेरे-कश्मीर पुरस्कार (1989) के द्वारा तथा अंतर्राष्ट्रीय स्तर पर प्रकृतिमित्र पुरस्कार (1981), मैगसायस पुरस्कार (1982), राइटलाइव्लीहुड (वैकल्पिक नोबेल) पुरस्कार (1987) द्वारा मान्यता मिली है। संयुक्त राष्ट्र पर्यावरण कार्यक्रम ने इसे पर्यावरण की रक्षा के लिए जमीन से जुड़ा हुआ आंदोलन माना है और इसके प्रतिनिधि को लंदन में 1982 में हुए स्टाकहोम सम्मेलन के प्रथम दशक के अवसर पर हुई सार्वजनिक सुनवाई में भाग लेने के लिए आमंत्रित कर इस आंदोलन के घोष वाक्य को प्रसारित किया है –

> क्या हैं जंगल के उपकार ?
> मिट्टी, पानी और बयार !
> मिट्टी, पानी और बयार,
> जिंदा रहने के आधार !

सामाजिक क्रांति का आंदोलन

प्रायः आंदोलन से अभिप्राय कोई हलचल और आजकल तोड़-फोड़ ही माना जाता है, 'चिपको' आंदोलन महात्मा गाँधी के सपनों की सामाजिक क्रांति का आंदोलन है, जिसके दो स्वरूप हैं – संघर्ष और रचना। यह भूमि उपयोग की गलत नीतियों – मिट्टी और पानी का ह्रास करनेवाले पेड़ों को लगाने व खनन आदि से धरती को वनस्पतिविहीन बनाने के खिलाफ संघर्ष और मिट्टी तथा पानी का संरक्षण करनेवाले सही प्रकार के – खाद्य चारा, ईंधन, जैविक

खाद व ग्रामोद्योगों के लिए रेशा देनेवाले पेड़ों के रोपण से धरती के लुप्त हरित कवच को पुनः स्थापित करने में लगा है। इस प्रकार के प्रयास, जो दूरस्थ गाँवों में हो रहे हैं, महानगरियों में स्थित बुद्धिजीवी लेखकों की दृष्टि से दूर हैं, फलतः उन्हें प्रकाशन नहीं मिलता। कितने लोगों को जानकारी है – कश्मीर के सोनामुल्ला बनिहाली की, जिन्होंने सार्वजनिक रूप से हल को आग लगाकर पहाड़ों में भूक्षरण करनेवाली मक्का की खेती के स्थान पर अखरोट और अन्य वृक्षों की खेती के द्वारा अपने क्षेत्र को खुशहाल बनाया है। बंजर और लुप्तप्राय वन वाले ढलानों पर हिम, आतप और वर्षा की चिंता न कर अविरल रूप से वृक्षारोपण करनेवाले वृक्षमानव विशेश्वरदत्त सकलानी के नागेन्द्र स्मृति वन को कितनों ने देखा है? हाँ, उत्तर प्रदेश सरकार ने अवश्य ही सरकारी भूमि पर पेड़ लगाने के लिए तीन वर्षों तक उन्हें मुकदमे में फँसाकर रखा और अंत में सरकार को न्यायालय में हार खानी पड़ी। रिचर्ड सेंट बार्ब बेकर की जन्मशताब्दी के अवसर पर बंबई के निकट तारा से प्रारंभ हुई स्मृति वन की योजना 'चिपको' की नवीनतम देन है।

वनों के संबंध में इस आंदोलन की नई सोच ने संयुक्त राष्ट्र की संस्था – खाद्य और कृषि संगठन – को प्रभावित किया और नवीं विश्व वन कांग्रेस में एक विशेष सत्र 'चिपको' आंदोलन पर रखा गया। इस आंदोलन की पद्धतियों को दक्षिण-पूर्वी एशिया के देशों के पहाड़ी क्षेत्रों में कैसे अपनाया जाये, चीन, नेपाल, भूटान, फिलिपींस, भारत आदि पंद्रह देशों के शीर्षस्थ अधिकारियों की कार्यशाला के समापन के अवसर पर व्यावहारिक जानकारी देने के लिए नवम्बर, 88 में आंदोलन के प्रवक्ता को बुलाया गया।

न संगठन, न संस्था

आंदोलन का न कोई संगठन है और न संस्था, फिर भी हवा की तरह यह सारे देश में फैल रहा है। पिछले अक्तूबर-नवंबर से इसकी व्यापक चर्चा बिहार के छोटा नागपुर क्षेत्र में होने लगी है। प्राकृतिक वनों के विनाश से त्रस्त आदिवासी अपने अस्तित्व की रक्षा के लिए 'चिपको' से प्रेरणा लेते हैं।

पर्यावरण की रक्षा के लिए चिंतन के क्षेत्र में 'चिपको' आंदोलन ने एक नई दिशा दी है। जो आंदोलन पहले केवल औद्योगिक सभ्यता द्वारा दिए गए प्रदूषण के तोहफे से मुक्ति के लिए केवल तकनीकी उपायों के इर्द-गिर्द चक्कर काटता था, उसको 'चिपको' आंदोलन 'मिट्टी, पानी और बयार' के नारे के तहत समस्या की तह तक ले गया। विश्व वर्षा वन-संरक्षण आंदोलन के साथ मिलकर 'चिपको' वनों के संरक्षण को युद्ध की समाप्ति के बराबर महत्त्व देने की 30 लाख हस्ताक्षरोंयुक्त माँग को लेकर 19 सितंबर, 1989 को संयुक्त राष्ट्रसंघ में पहुँच गया। इस ज्ञापन में कहा गया है कि तीसरा विश्वयुद्ध छिड़ चुका है। यह मानव का प्रकृति के खिलाफ है।

अब पर्यावरण और विकास के संबंध में विश्व में चिंतन चल रहा है। भारत में बड़े बाँधों के खिलाफ देश के कई भागों – बिहार में सुवर्ण रेखा, मध्य प्रदेश व महाराष्ट्र

में नर्मदा, और उत्तराखंड में टिहरी – में चलनेवाले आंदोलन तथा वालियापाल (उड़ीसा) में मिसायल रेंज और कर्नाटक व गुजरात में परमाणु बिजलीघरों तथा भोपाल कांड के पीड़ितों के आंदोलनों ने एकजुट होकर हरसूद (मध्य प्रदेश) में विनाशकारी विकास के खिलाफ राष्ट्रीय संघर्ष का ऐलान किया। नई विकास-नीति के लिए एक सशक्त आवाज बन रही है।

8

जिंदा रहने के लिए 'नई वानिकी' चाहिए

बीसवीं सदी के उत्तरार्द्ध की सबसे महत्त्वपूर्ण घटना वनों को विनाश के प्रति पैदा हुई सामूहिक चेतना है। 19 सितम्बर, 1989 को विश्व के कई देशों का एक प्रतिनिधिमंडल 30 लाख लोगों के हस्ताक्षरों से युक्त एक ज्ञापन को लेकर संयुक्त राष्ट्र महासचिव को मिला और उनसे माँग की कि हमारे उपग्रह के लिए आणविक शस्त्रों के बाद दूसरा सबसे बड़ा खतरा वन-विनाश से है, इसलिए संयुक्त राष्ट्र महासभा का एक विशेष अधिवेशन वन-विनाश की समस्या पर विचार करने के लिए बुलाया जाए। संयुक्त राष्ट्र की कार्यप्रणाली के अनुसार इस प्रकार का प्रस्ताव विचार के लिए किसी सदस्य राष्ट्र की सरकार से आना चाहिए। अब तक किसी भी सरकार ने इतना साहस नहीं किया है कि इस महत्त्वपूर्ण मुद्दे को उठाए।

इसका कारण स्पष्ट है। क्योंकि जो इस मुद्दे को उठाएगा उसे पहले अपने देश में वन-विनाश को रोकना होगा। वनों का विनाश सभ्यता के विकास के साथ जुड़ा हुआ है। खेती का युग प्रारंभ होने के पिछले दस हजार वर्षों से अब तक विश्व के तीन-चौथाई प्राकृतिक वन उजड़ चुके हैं। हाल के तीन-चार सौ वर्षों में प्राकृतिक वनों को उजाड़ने में भोगवादी सभ्यता का नेता यूरोप अगुवाई करता रहा है। यूरोप में पंद्रह करोड़ सतहत्तर लाख हेक्टेयर वन-क्षेत्र हैं, लेकिन इसमें मुश्किल से दस लाख हेक्टेयर प्राकृतिक वन होंगे। इन पर भी अब विपदा आई है। वन-प्रधान स्वीडन के 800 वर्ग किलोमीटर के प्राकृतिक वन में 1982 में कटाई प्रारंभ हो गई थी। दूसरे देश इस दिशा में तेजी से बढ़ रहे हैं। चीन में केवल एक प्रतिशत, तो अमेरिका में 15 प्रतिशत प्राकृतिक वन रह गए हैं। प्राकृतिक वनों में सबसे अधिक संपन्न ब्राजील है, जहाँ 28 करोड़ 60 लाख हेक्टेयर प्राकृतिक वन-क्षेत्र में से अभी भी 18 करोड़ हेक्टेयर यानी 63 प्रतिशत प्राकृतिक वन शेष हैं लेकिन वहाँ पर वनों की कटाई की रफ्तार सबसे तेज है। भारत में केवल दूरदराज के अगम्य क्षेत्रों में ही प्राकृतिक वन शेष हैं। इसके सही-सही क्षेत्रफल की जानकारी नहीं है। एक बार जब पर्यावरण मंत्रालय ने इसका प्रयास किया तो राज्यों से सही उत्तर ही नहीं मिल पाए। कुछ राज्यों ने सोचा कि इसके आधार पर केंद्रीय अनुदान मिलेगा तो उन्होंने बढ़ा-चढ़ाकर आँकड़े भेज दिए और जिनको यह संदेह हुआ कि कहीं काटने पर पाबंदी न लगे, उन्होंने

लिख दिया कि हमारे यहाँ प्राकृतिक वन हैं ही नहीं।

वनों के विनाश के लिए व्यापारिक वानिकी उत्तरदायी है। एक प्राकृतिक वन से, जो कई वृक्ष, वनस्पति, कंद-मूल, लताओं, पशु-पक्षियों और कीड़े-मकोड़ों का समुदाय है, दोहन करने के लिए पहले वहाँ तक रेलवे लाइन, मोटर, सड़कें पहुँचाई गईं। हिमालय में तो यह कार्य नदियों के द्वारा लकड़ियाँ बहाने से शुरू हुआ। उसके बाद उद्योग व्यापार के काम में आनेवाले पेड़ों को काटा गया और दूसरों को नष्ट कर केवल व्यापारिक प्रजातियों को ही पनपाया गया। इस प्रकार अत्यधिक विकसित देशों में, जिनकी गरीब देश अंधी नकल कर रहे हैं कुछ ही प्रजातियों के पेड़ दिखाई देते हैं। पश्चिमी जर्मनी के 97 प्रतिशत क्षेत्र में केवल तीन प्रजातियों के पेड़ हैं। प्राकृतिक वनों को उजाड़ने में मोटर सड़कों की भूमिका का ज्वलंत प्रमाण पूर्वी अमेजन के वन हैं। वहाँ पर केवल तीन प्रतिशत पेड़ ही काटे गए, लेकिन सड़क-निर्माण के दौरान 54 प्रतिशत जड़ से उखड़ गए, कुचल गए या दूसरी प्रकार से नष्ट हो गए।

इस समय विश्व के वनों से प्रति वर्ष जितनी लकड़ी निकाली जाती है, इसमें से आधी जलाने के लिए और आधी इमारती लकड़ी प्लाईवुड, कागज और दूसरे औद्योगिक उपयोग के लिए होती है। जलाऊ लकड़ी इकट्ठा करने की प्रक्रिया से प्राकृतिक वनों की कोई क्षति नहीं होती है। वनों की क्षति तो तब होती है, जब भीमकाय मशीनें, आरे और कुल्हाड़े वन में पहुँचते हैं। यद्यपि वृक्षारोपण और नए वन लगाने का बहुत शोर है, लेकिन कटाई की रफ्तार इतनी तेज है कि चीन में सन् 1980 से अब तक 30 लाख हेक्टेयर वन-क्षेत्र कम हो चुका है और भारत में प्रतिवर्ष डेढ़ (1.5) लाख हेक्टेयर वन-क्षेत्र कम हो रहा था।

इस भयावह स्थिति से कैसे मुक्ति पाई जाए ? वन-विनाश के कारण कार्बन-डाई-ऑक्साइड के बढ़ते हुए परिमाण, तापमान में वृद्धि, सूखा और बाढ़ों के संकट और जल-स्रोतों के सूखने के कारण आई महाविपदा का एहसास सबको हो चुका है। सबसे बड़ी समस्या इमारती और औद्योगिकी लकड़ी के उत्पादन और वनों के प्राकृतिक स्वरूप को कायम रखने के बीच ताल-मेल की है। कुछ वनविदों ने इन दोनों के परस्पर विरोधी होने की प्रचलित धारणा को गलत बताया है। उन्होंने कहा है कि जैविक विविधता को इमारती लकड़ी के उत्पादन के मार्ग में बंधन मानने के बजाय, वानिकी को वन और लकड़ी की वृद्धि के लिए विविधता को बनाए रखना और पुनः स्थापित करने की आवश्यकता पड़ेगी। एकल प्रजाति के वनों को विविध प्रजाति के मिश्रित वनों में बदलना होगा।

पुराने वन एक प्रकार की प्राकृतिक पूँजी हैं। वे विविध वनस्पति और जंतुओं की प्रजाति के जैविक कोष हैं। उनकी लकड़ी से इतर उत्पादनों का आर्थिक मूल्य – औषधि, फल, पत्तियाँ, गोंद आदि के रूप में कई गुना अधिक है। वन-उद्योगों की दीर्घकालीन सफलता के लिए ऐसे वन जिनके साथ कोई छेड़छाड़ न हुई हो, अनिवार्य हैं। अब यह पाया गया है कि जहाँ पर विविध प्रजाति के पेड़ हैं, वहाँ कीट और बीमारियों का प्रकोप

कम है, क्योंकि एक प्राकृतिक समुदाय में कई प्रजातियाँ ऐसी हैं, जो अन्य प्रजातियों की इनसे रक्षा करती हैं। यूरोप में हो रहे व्यापक वन-विनाश का कारण अब वनविद् एकल प्रजाति के वनों का होना भी मानने लगे हैं। यहाँ तक कि काटने के बाद छूटे मलवे को हटाना भी वे वन के स्वास्थ्य के लिए हानिकारक मानने लगे हैं। वनों के स्वास्थ्य के लिए इसमें सूखे और गिरे हुए पेड़-पौधों का होना आवश्यक है।

वानिकी के संबंध में इन नए विचारों का सूत्रपात सन् 1988 से संयुक्त राज्य अमेरिका के ओरोगन राज्य में हुआ है। वनविदों ने इसे 'नव वानिकी' का नाम दिया है।

'नव वानिकी' की पहली माँग प्राकृतिक वनों की कटाई पर अंतर्राष्ट्रीय स्तर पर रोक लगाने की है, लेकिन उसके साथ-साथ जब तक लकड़ी आधारित और ऐसी अन्य वन-उपजों के उपयोग में संयम न बरता जाए, तब तक स्थिति को सँभाला नहीं जा सकता, कागज का उपयोग इसमें पहले नंबर पर आता है। औद्योगिक देशों में सन् 1920 और 1988 के बीच कागज का वार्षिक उपयोग 14 गुना (10 टन प्रति हजार व्यक्ति से 140 टन प्रति हजार व्यक्ति) बढ़ा है। अमेरिका और स्वीडन जैसे देशों में तो एक व्यक्ति साल में क्रमशः 317 और 311 किलो कागज खर्च करता है। भारत में यह 2 किलो प्रति व्यक्ति है। एक बार काम में लाए कागज को पुनः लुगदी बनाकर उपयोग में लाने की दिशा में भी प्रगति हो रही है और इसमें जापान अग्रणीय है। वहाँ पर पचास प्रतिशत ऐसे कागज का उपयोग होता है।

कुछ लोग वन-संरक्षण के हिमायतियों पर हास्यास्पद आरोप लगाते हैं। केरल में मूक घाटी को बचाने के लिए आवाज उठानेवालों का राजनेताओं ने मखौल उड़ाया था कि कुछ बंदरों को बचाने हेतु बिजली के लिए बाँध बनाना नहीं छोड़ सकते। इसी प्रकार ओरोगन (अमेरिका) 'उल्लू बनाम रोजगार' का विवाद छिड़ा था। यानी वनों का संरक्षण कर उल्लुओं को बचाने के लिए वनों की कटाई से मिलनेवाले रोजगार का बलिदान नहीं किया जा सकता। लेकिन इसी क्षेत्र में वनों की कटाई में मशीनीकरण के फलस्वरूप सन् 1979 और सन् 1989 के बीच पंद्रह प्रतिशत रोजगार कम हुआ है। वास्तव में वन-संरक्षण से मिट्टी और पानी तथा वनों की जीवंत पैदावार में वृद्धि होती है और उससे स्थायी तथा अधिक रोजगार मिलता है। एक सर्वेक्षण के अनुसार एक हेक्टेयर सघन वन-क्षेत्र से केवल 30 किलो मिट्टी का क्षरण हुआ, जबकि वन-विनाश होने पर उसी क्षेत्र से नब्बे टन यानी तीन सौ गुना भूक्षरण हुआ।

गरीब देशों में कृषि भूमि की भूख ने वनों का सफाया किया है। इसका एक कारण गलत भूमि उपयोग है। नैनीताल की तराई में लालकुआँ के निकट बिंदुखाता इसका ज्वलंत प्रमाण है। वहाँ पर एक कागज के कारखाने के लिए युक्लिप्टिस उगाने के क्षेत्र पर भूमिहीनों ने कब्जा कर खेती प्रारंभ कर दी। वन-विभाग ने उन्हें कई बार बेदखल करने का असफल प्रयास किया। उनका कहना है कि मशीन का पेट भरने के बजाय जिंदा मनुष्य और पशुओं का पेट भरने के लिए उत्पादन कर हमने कौन-सा अपराध किया ? इसका एकमात्र उत्तर

यह है कि भारत में भूमि उपयोग की एक ऐसी योजना बने, जिसका पहला उद्देश्य मिट्टी और जल-संरक्षण के साथ लोगों को स्वतः रोजगार देना हो। इसमें निश्चित रूप से फल, चारा और छोटे घरेलू उद्योगों के लिए रेशा व अन्य कच्चा माल देनेवाले पेड़-पौधे, घास और लताएँ तथा कंदमूल हो सकते हैं।

9

पर्यावरण दिवस इस तरह न मनाएँ

हाल में मुझे एक राज्य के पर्यावरण बोर्ड की बैठक में शामिल होने का अवसर मिला। बोर्ड की इससे पहले हुई बैठक में यह निश्चय किया गया था कि जनता में पर्यावरण की चेतना जगाने के लिए विश्व पर्यावरण दिवस के लिए कार्यक्रम बनाया जाए। तय किया गया कि विश्व पर्यावरण दिवस से पर्यावरण सप्ताह मनाया जाए, जिसके लिए निम्न कार्यक्रम सुझाए गए : (1) निबंध और चित्र प्रतियोगिताएँ – पर्यावरण संबंधी विषयों पर, (2) भाषण और परिसंवाद, (3) पर्यावरण पर कार्यशाला, (4) पर्यावरण पर प्रदर्शनी, (5) प्रदूषण-विरोधी कूच, (6) प्रेस एवं दूरदर्शन द्वारा घटनाओं की रिपोर्ट, (7) दूरदर्शन पर पर्यावरण पर डाकुमेंट्री, (8) राज्य के हर जिले में पर्यावरण दिवस समारोह।

मेरे हाथों में 5 जून, 1987 को एक विश्वविद्यालय द्वारा पर्यावरण पर आयोजित सेमिनार में अपनी पसंद के विषय पर भाषण देने का निमंत्रण है।

मेरे सहयोगी श्री धूमसिंह नेगी को, जो देहरादून जिले के नाहीं-बड़कोट गाँव में चूना खदान के खिलाफ जूझ रहे हैं, दिल्ली स्थित एक संस्था की ओर से विश्व-पर्यावरण दिवस से एक दिन पूर्व प्रेस कॉन्फरेंस में बोलने के लिए बुलाया गया है, जिससे विश्व-पर्यावरण दिवस पर समाचारपत्र पर्यावरण की कहानियाँ छाप सकें।

हम दोनों के सामने दुविधा है कि क्या राजधानी में जाकर सफेदपोश बुद्धिजीवियों की जिज्ञासा शांत करने के लिए जाएँ जिसका उपयोग वे अपनी फालतू गपशप के समय में कर सकें, या उन ग्रामीणों के साथ रहें, जिनका अस्तित्व ही सरकार की पर्यावरण-विरोधी नीतियों के कारण खतरे में पड़ गया है ? गाँव के ये लोग चूना खदान से नष्ट हो रहे अपने वन और लुप्त हो रहे पानी के स्रोतों को बचाने की लड़ाई लड़ रहे हैं। इस लड़ाई में धन, शासन और बुद्धिवाले लोग उनके खिलाफ खड़े हैं। मुझे आशा है कि सब लोग हमारे इस निश्चय से सहमत होंगे कि हम इन ग्रामीणों के साथ रहें।

जब से 'चिपको' आंदोलन की राष्ट्रव्यापी जानकारी हुई, मेरे पास विश्व-पर्यावरण दिवस के दिन भाषण देने या कार्यशालाओं और सेमिनारों में भाग लेने के निमंत्रणों की बाढ़ आने लगी। इस प्रकार के कार्यक्रमों से बचने का मैंने एक रास्ता निकाल लिया। हम

पर्यावरण दिवस से एक महीना पहले गाँव-गाँव की पदयात्रा करने लगे। दूरस्थ गाँवों में लोगों से मिलकर चर्चा करते और उन्हें पर्यावरण के विनाश के खिलाफ सीधी कार्रवाई के लिए प्रेरित करते। कई युवक और खास तौर से विद्यार्थी हमारे साथ इन यात्राओं में शामिल होते। वे महसूस करने लगे कि वे एक दूसरी ही दुनिया में हैं – वास्तविक दुनिया में।

वायु-प्रदूषण हमारी समस्या है, लेकिन यह मुख्यतः भीड़भाड़वाले बड़े नगरों की समस्या है। गाँवों में यह अभी इतनी भयंकर नहीं है। लेकिन लोगों को स्वच्छ हवा और उनके स्वास्थ्य के साथ इसके संबंध की शिक्षा देने की आवश्यकता है। यह शिक्षा कैसे दी जाए ? इस संदर्भ में मुझे सन 1977 में चिपको शिक्षण अभियान के दौरान एक युवा ग्रामीण कार्यकर्ता रामसिंह की याद आती है। उसने इसे बहुत ही सरल तरीके से समझाया। एक बड़े पेड़ के नीचे श्रीमद्‌भागवत की कथा का आयोजन किया गया था। कथावाचक मनुष्य के प्रकृति के साथ संबंधों की चर्चा कर रहे थे। श्रोताओं में मुख्यतः निरक्षर ग्रामीण महिलाएँ थीं। रामसिंह ने महिलाओं से कहा कि "वे चारा-पत्तियाँ लेते समय पेड़ों की चोटियाँ न काटें। यदि आप चोटियाँ काटेंगी तो पेड़ कमजोर हो जाएँगे और उसी तरह तुम्हारे बेटे भी कमजोर हो जाएँगे।"

यह सुनकर स्त्रियाँ नाराज हो गईं, पर रामसिंह ने इसके बाद अपनी बात समझाते हुए कहा, "क्या तुमने हिमालय में तीर्थयात्रा के लिए बड़े नगरों से आनेवाली मोटी-मोटी स्त्रियों को देखा है ? जब कभी भूस्खलन या मशीन की खराबी के कारण बस रुक जाती है तो उन्हें समतल सड़क पर भी कुछ ही कदम चलना मुश्किल हो जाता है। उन्हें बहुत अच्छी खुराक और सुख-सुविधाएँ मिलती हैं। लेकिन तुम इतनी दुबली-पतली हो और मोटा-झोटा खाने को मिलता है। अपनी पीठ पर भारी बोझ लेकर किस तरह फटाफट पगडंडियों पर चढ़ जाती हो ? तुम्हारी ताकत का रहस्य क्या है ? वह है पर्याप्त ताजी और स्वच्छ हवा की उपलब्धि – प्राणवायु जो दिखाई नहीं देती, लेकिन तुम्हें इन पेड़ों से मिलती है। इसलिए अगर पेड़ कटेंगे तो कम प्राणवायु मिलेगी, अधिक प्रदूषण होगा और कम जीवन-शक्ति।"

पानी दिन-ब-दिन कम हो रहा है। पीने के लिए पानी की कमी, सिंचाई के लिए पानी की कमी। सर्वत्र नदी-जल बँटवारे के झगड़े। यह सब पानी कहाँ गया ? मेरे साथ बैठे हुए बड़कोट गाँव के 55 वर्षीय किसान कलमसिंह कहते हैं, "इस गाँव के चारों ओर कई पानी के स्रोत थे। पाँच-छह महीने तक आसानी से आटा पीसने के लिए पनचक्की भी चलती थीं। अब चूना खनन प्रारंभ होने के बाद सबकुछ चला गया है। पानी को संचित करनेवाले सघन वन समाप्त हो गये। पहाड़ों को विस्फोटक से तोड़ा गया, जिससे कंपन के कारण पानी दरार में छिप गया।" लोगों को प्रायः नदी-नालों और जलाशयों में पानी दिखाई देता है, लेकिन यह पानी तो पेड़ की जड़ों से बूँद-बूँद कर टपकता है। जहाँ कहीं भी नदियों के पर्वतीय जलग्रहण क्षेत्रों में खनन या पेड़ों की कटाई होती है, पानी सूख जाता है। पेड़ों की कटाई और खनन तो सर्वत्र होता है, क्योंकि हमारी भौतिक

सभ्यता हर वस्तु को उसके आर्थिक मूल्य के आधार पर नापती है। लकड़ी और खनिजों का प्रत्यक्ष मूल्य बाजार में निश्चित रूप से पानी के मुकाबले अधिक है।

जब पानी को बाँध जलाशय में संचित कर देते हैं या उसे नलों में डालते हैं तो यह भी बिक्री की वस्तु बन जाता है। 'मुर्दा पानी' हो जाता है। हम सब मुर्दा पानी पीते हैं। जहाँ कल-कारखानों का गंदा पानी नदी-नालों में जाता है, वह केवल मुर्दा पानी ही नहीं विषाक्त पानी भी हो जाता है। इस वक्तव्य को यह कहकर चुनौती दी जा सकती है कि पहले यह होता होगा, लेकिन अब तो इसे रोकने के लिए प्रदूषण नियंत्रण बोर्ड है। एक बार इसकी सत्यता की जाँच करने के लिए मैं एक रेयन कारखाने में गया। झुटपुटे अँधेरे का समय था। नदी का पानी कारखाने के मलिन जल से गंदा था। दो-तीन घंटे के बाद गंदा पानी नहीं था। मैंने पूछताछ की, "यह चमत्कार कैसे हो गया?" मेरे साथी ने जो प्रदूषण बोर्ड के एक युवा इंजीनियर थे, कहा, "यह मेरी उपस्थिति से हुआ है। बोर्ड दिन की रोशनी में काम करता है और इसी प्रकार कायदे-कानून भी।"

मैंने किसी शहर में नदी का उद्‌गम नहीं देखा है, यद्यपि दुनिया-भर में नदियाँ ही जल-आपूर्ति का मुख्य साधन हैं। अवश्य ही श्रीनगर (कश्मीर) और नैनीताल की तरह कई बड़े नगर झीलों के किनारे हैं। हम सब जानते हैं कि झीलों की हमने क्या दुर्दशा की है। ये गंदगी और खाद जमा करने के घर बन गए हैं।

यदि हम पेयजल, सिंचाई और अन्य कार्यों के लिए पानी की निश्चित आपूर्ति चाहते हैं तो हमें नदियों के जलग्रहण क्षेत्रों की सुरक्षा की ओर देखना होगा। पंद्रह वर्षों से चिपको आंदोलन यही कर रहा है। इसमें भी लोक कवि घनश्याम 'सैलानी' जन-जन तक अपने गीतों के द्वारा संदेश पहुँचाते हैं –

> इ बांज, बुरांस कुलैं की डाली,
> न काँटा, न काटा यूँ रखा जगवाली।
> पत्तियों माँ छ दूध, जड़यों माँ छ पाणी
> सुरसुरया बधों छ बररवा बत्वाणी।
> गंगा-जमुना का इ छन सिरवाणा।
> पशु-मनुख्यों का मन पराण। न काटा-न-काटा।

(ये बांज बुरांस और चीड़ के पेड़, इनको मत काटो, मत काटो! इनकी पत्तियों में दूध है, जड़ों में पानी है, इनके कारण वर्षा और बौछारें हैं। ये गंगा और जमुना के सिरहाने हैं, पशु और मनुष्यों के जीवनप्राण हैं। मत काटो, मत काटो!)

मैंने अनुभव किया है कि 'सैलानी' के स्वरों ने लाखों हृदयों को आलोड़ित किया है और उन्हें सीधी कार्रवाई के लिए प्रेरित किया है। नगरों में हम बड़े-बड़े ग्रंथ तैयार करते हैं और सेमिनारों में विद्वान प्रोफेसरों के जो लेख पत्र पढ़े जाते हैं उनका प्रभाव थोड़े लोगों के दिमागों में थोड़े समय तक रहता है जब तक कि नई किताब नहीं छप

जाती। 'सैलानी' स्वयं गाँव-गाँव गए, कई लोगों को अपने गीतों की लय सिखाई और उसके गीत भी हिमालय की घाटियों और चोटियों में गूँज उठे। उनका लोगों के साथ जीवंत संपर्क हुआ। मेरी तरह उन्हें 5 जून को भाषण देने के लिए आने हेतु पहले दर्जे के किराए और सुसज्जित विश्वविद्यालय अतिथि गृह में टिकने का न्योता नहीं दिया। लेकिन जहाँ कहीं भी वे और दूसरे पदयात्री जाते, उनका हार्दिक स्वागत होता है। लोग या तो दोपहर की धूप में किसी बड़े छायादार पेड़ के नीचे या रात को चाँदनी में किसी खुले आँगन में उनके चारों ओर जमा हो जाते हैं। घर में जो कुछ पका हो, उसे खिलाते हैं।

भूक्षरण और रेगिस्तानों का विस्तार तीसरी गंभीर समस्या है, जो मानव-जाति के सामने खड़ी है। भारत में प्रति वर्ष 600 करोड़ टन उपजाऊ मिट्टी, 700 करोड़ रुपये कीमत के उर्वरकों सहित भूक्षरण से नष्ट हो रही है। इसके मूल में भी वन-विनाश और दोषपूर्ण कृषि-पद्धतियाँ हैं। पेड़ और वनों के संबंध में चर्चा करते हुए इस समस्या पर प्रकाश डाला जाता है।

'चिपको' आंदोलन ने एक छोटे मंत्र में इस संदेश को रखा है और वह मंत्र है :

क्या हैं जंगल के उपकार ?
मिट्टी, पानी और बयार।
मिट्टी, पानी और बयार !
जिंदा रहने के आधार !

शहरों में पर्यावरणीय चेतना जगाने के कार्यक्रम के संगठनकर्ता सेमिनार, प्रदर्शनियाँ, प्रेस सम्मेलन जैसे कर्मकांडों में अपना समय, धन और शक्ति फूँकने के बजाय यदि गाँवों और नगरों में पदयात्राओं के द्वारा व्यक्तियों और समूहों से व्यक्तिगत संपर्क कर पर्यावरण को क्षति पहुँचानेवाली विकास-योजनाओं के खिलाफ जनआंदोलन खड़ा करने में अपने साधन लगाएँ तो वे उद्देश्य की सच्ची सेवा कर सकेंगे। नगरों के प्रबुद्ध वर्ग के लिए मैं निश्चित रूप से एकदिवसीय संक्षिप्त कार्यक्रम सुझा सकता हूँ। वे नीति-निर्धारकों के, जो नगरों में रहते हुए यह भूल गए हैं कि हमारी संस्कृति की जड़ें मिट्टी में हैं न कि नगरों के सीमेंट-लोहा और बड़े महलों में, हृदयों तक पहुँचने के लिए उपवास और मौन प्रार्थनाएँ करें कि भौतिक विकास के लिए अति उत्साह में वे स्वच्छ हवा, जिंदा पानी और उपजाऊ मिट्टी के महत्त्व को न भूल जाएँ।

10

आयुर्वेद के सामने चुनौती

सत्ता, सम्पत्ति, शस्त्र और शास्त्र पर आधारित आज के भोगवादी समाज ने जीवन के लिए कदम-कदम पर खतरे पैदा कर दिए हैं। इस व्यवस्था में 'अर्थशास्त्र' धर्म और 'डालर' भगवान बन गया है। उसकी प्राप्ति के लिए मनुष्य प्रकृति का कसाई तो बन ही गया, लेकिन केंद्रित उत्पादन की औद्योगिक और कृषि पद्धतियों ने प्रदूषण के महादैत्य को जन्म दिया है। प्रदूषण सर्वव्यापी हो गया है। वह वायुमंडल में है, धरती पर है, नदी-नालों और समुद्रों में है। हवा, पानी और भोजन, जिनसे हमें पोषण मिलता था, उन्हीं के साथ प्राणघातक विष मिल रहा है। हर व्यक्ति अस्वस्थ है और धीरे-धीरे मौत की ओर बढ़ रहा है। रेडियोधर्मिता और विकीरण ने नई बीमारियों को जन्म दिया है। धूल, धुआँ और दुर्गंध के साथ शोर-प्रदूषण को भी नगरीकरण और केंद्रीकरण ने जन्म दिया है। तपेदिक अब राजरोग नहीं रह गया है, लेकिन हृदय रोग निश्चित रूप से राजरोग बन गए हैं। निरंतर तनाव में रहने के कारण हमारे राजनेता विशेष रूप से हृदय रोग और रक्तचाप से पीड़ित रहने लगे हैं। जन-जन के इन भाग्यविधाताओं की रोगी काया और मन का कुप्रभाव उन्हीं तक सीमित नहीं है, पूरे समाज पर पड़ता है।

आयुर्वेद के सामने बड़ी चुनौती राजसी और तामसी प्रवृत्तियों को उत्तेजित करनेवाली भोगवादी सभ्यता के जीवन-मूल्यों को ध्वस्त कर उनके स्थान पर सात्विक प्रवृत्तियों पर आधारित जीवन-मूल्यों की स्थापना करने की है। पूरी दुनिया में चलनेवाली भोगवाद की आँधी के बीच हमारे लिए एक आशा की किरण हमारी संस्कृति है, जिसका आधार प्रकृति के साथ प्रेममूलक संबंधों की स्थापना और सादगी व संयम की प्रतिष्ठा है। आयुर्वेद इस समय बीच में खड़ा है।

आयुर्वेद को जन-जन की चिकित्सा-पद्धति बनाने का एक व्यावहारिक उपाय वनौषधियों को लोकप्रिय बनाना है। इनके संबंध में सामान्य लोगों को जो जानकारी थी, वह वनों के और खास तौर से प्राकृतिक वनों को विनाश और जीवन-पद्धति के नगराभिमुख होने के कारण, लुप्त हो गई है। सारे विश्व में हजारों वनस्पति-प्रजातियाँ प्राकृतिक वनों के कटने और उनके स्थान पर कृत्रिम रोपवानियाँ उगाने के कारण लुप्त हो रही हैं। उष्णकटिबंधीय वनों में, जहाँ छोटे से क्षेत्र में एकसाथ हजारों वनस्पति-प्रजातियाँ पाई जाती हैं, सबसे

अधिक क्षति हुई है। हिमालय में भी कई बहुमूल्य जड़ी-बूटियाँ लुप्त हो गई हैं। भारत में हिमालय, शिवालिक, विंध्याचल, सतपुड़ा, अरावली, गंधामर्दन, पूर्वी और पश्चिमी घाट के रहे-सहे प्राकृतिक वनों के संरक्षण के लिए जन-आंदोलन चलाए जाने चाहिए और उनका नेतृत्व करना आयुर्वेद के विद्यार्थियों, शिक्षकों और विद्वानों का स्वधर्म हो जाता है।

दूसरा व्यावहारिक कदम गाँव-गाँव में वनौषधि वाटिकाओं की स्थापना करने का होना चाहिए। स्वास्थ्यवर्द्धक वनस्पतियों को खाद्य के रूप में प्रयोग करने की परंपरा समाप्त हो रही है। गढ़वाल के लोग बिच्छू घास और अडूसा की कलियों की सब्जी बनाकर खाते थे, ग्वारपाठा का भी इसी तरह उपयोग करते थे। अब पश्चिम के वैज्ञानिकों ने बिच्छू घास में निहित उच्च शक्ति के प्रोटीन के बारे में जानकारी प्रसारित की है तो वहाँ पर इसका सूप कीमती माना जाता है।

इक्कीसवीं सदी भयंकर जल-संकट को लेकर आ रही है। प्रति व्यक्ति जल की उपलब्धि भारत में तो सन् 1901 के मुकाबले सन् 2001 में केवल चौदह प्रतिशत ही रह जाएगी। यह इतनी तेजी से घट रही है कि सन् 1983 और 2001 के बीच इसमें 24 प्रतिशत की कमी हो जाएगी। केवल जल की उपलब्धि ही कम नहीं होगी, जल-प्रदूषण भी बढ़ जाएगा। यह कैसी विडंबना है कि जीवन देनेवाला जल ही मौत का कारण बन रहा है। भारत और दूसरे गरीब देशों में प्रदूषित जल से होनेवाली बीमारियाँ बढ़ रही हैं।

आज गंगा जैसी सर्वाधिक पवित्र माने जानेवाली नदी ही, सबसे अधिक प्रदूषित हो गई है। इसके अलावा बाँधों में संगृहीत कर या नलों से दूर पहुँचाकर जो पानी हम पीते हैं, वह मृत जल है। जीवंत जल के प्राकृतिक स्रोत तो बढ़ती हुई नदियाँ, नाले, कुएँ, चश्मे और झरने ही हैं। इनका सीधा संबंध प्राकृतिक वनस्पति के कवच के ह्रास व प्रदूषण फैलानेवाले औद्योगिक कचरे व जलमल के निस्तारण से है। जल के संबंध में चेतना जगाने के लिए भी एक व्यापक अभियान चलाने की आवश्यकता है।

औषधियों की कीमतें कम से कम रखने के लिए मेरा सुझाव है कि औषधि निर्माणशालाओं का विकेंद्रीकरण होना चाहिए, इससे मौजूद केंद्रित पद्धति के साथ जुड़े हुए अनुत्पादक वर्ग मैनेजर, बैंकर दलाल, विज्ञापनकर्ता और ढुलान करनेवालों का उपभोक्ताओं पर पड़नेवाला बोझ समाप्त होगा। कुछ सामान्य और जीवनरक्षक औषधियों की लागत कम करने के लिए सरकारों को सहायता देनी चाहिए। समाज-कल्याण का एक व्यावहारिक कार्यक्रम है।

आज जीवन के हर क्षेत्र में सरकार का हस्तक्षेप निरंतर बढ़ता जा रहा है।

11

पर्यावरण की रक्षा–एक विश्व आंदोलन का भारतीय संस्करण

5 जून, 1972 को संयुक्त राष्ट्र संघ द्वारा स्टॉकहोम में आयोजित पर्यावरण पर पहले विश्व-सम्मेलन के बाद पंद्रह वर्ष पूरे हो गये हैं। इस सम्मेलन में भाग लेनेवाले राष्ट्राध्यक्षों ने पर्यावरण की रक्षा के महत्त्व को स्वीकार करते हुए इसे एक सरकारी कार्यक्रम बनाने का संकल्प किया था। स्वयं संयुक्त राष्ट्र संघ ने इसके लिए अलग संगठन की स्थापना की और नैरोबी से संयुक्त राष्ट्र पर्यावरण कार्यक्रम एवं न्यूयार्क से एक अन्य कार्यालय द्वारा पर्यावरण रक्षा को गतिशील बनाने का सिलसिला शुरू हुआ। स्टॉकहोम सम्मेलन के दस वर्ष पूरा होने पर इसकी प्रगति का लेखाजोखा लेने के लिए कई सम्मेलन भी किये गये।

स्टॉकहोम सम्मेलन के पीछे उद्योग-प्रधान देशों में औद्योगीकरण के फलस्वरूप पैदा हुए जल और वायु प्रदूषण की समस्याओं से त्रस्त लोगों के प्रयास थे। नवंबर, 1971 में विश्व के बाईस सौ वैज्ञानिकों ने मानव-जाति के नाम एक अपील निकाली थी, जिसमें उन्होंने कहा था कि यद्यपि राजनीतिक नेता निरंतर युद्ध का हौवा खड़ा करके मारण के शस्त्रों की खोज के लिए उदारतापूर्वक पैसा दे रहे हैं, लेकिन मानव-जाति के लिए वास्तविक खतरा तो जनसंख्या के विस्फोट, गरीबी और प्रदूषण से है। इस प्रकार उन्होंने प्रदूषण को एक जागतिक समस्या के रूप में प्रस्तुत किया था। क्योंकि जल और वायु प्रदूषण का सर्वाधिक प्रकोप पश्चिम के उद्योगप्रधान देशों में था, इसलिए स्टॉकहोम सम्मेलन के बाद जहाँ एक ओर सरकारों ने पर्यावरण विभागों की स्थापना की, दूसरी ओर गैर-सरकारी संगठन भी खड़े हुए, जिनकी भूमिका मुख्यतः सरकारी कार्यक्रमों को पूरा करने की रही है।

सरकारों द्वारा पर्यावरण की रक्षा के लिए लोकशिक्षण के कार्यक्रमों के अलावा कानून बनाये गये हैं। इन कानूनों के मातहत नियमों की अवहेलना के मामलों को अदालतों तक पहुँचाने का काम भी ये गैर-सरकारी संस्थाएँ करती हैं। ये सबसे अधिक सक्रिय अमेरिका में हैं। पर्यावरण की रक्षा के मामलों की पैरवी करनेवाले वकीलों का एक बहुत बड़ा समुदाय खड़ा हो गया है। कई विश्वविद्यालयों के कानून विभागों की तो यह एक मुख्य प्रवृत्ति बन

गई है।

इन सबसे भिन्न पर्यावरण की रक्षा के लिए सक्रिय आंदोलनकारियों के कई दल खड़े हुए हैं। पश्चिम की औद्योगिक सभ्यता से त्रस्त वहाँ के युवक मुक्ति का मार्ग ढूँढ़ रहे हैं। उन्हें व्यवस्था द्वारा पर्यावरण रक्षा के लिए किये जा रहे छोटे-मोटे उपायों पर विश्वास नहीं है। उनकी मदद में कई प्रख्यात वैज्ञानिक और विचारक हैं। उन्होंने सीधे-सीधे आणविक शस्त्रों के निर्माण को चुनौती दी है। वे सीधी कार्रवाई पर विश्वास करते हैं। इनकी भावनाएँ इतनी तीव्र हैं कि वे इन्हें रोकने के लिए अपने प्राणों की आहुति देने तक की तैयारी रखते हैं। ब्रिटेन में प्रख्यात वैज्ञानिक बर्ट्रेण्ड रसेल ने तो आणविक शस्त्रों के कारखाने के आगे धरना तक दिया था। आणविक शस्त्रों के विरोध में हजारों युवकों ने यूरोप के कई भागों में लंबी-लंबी पदयात्राएँ की हैं। उनका दूसरा प्रहार आणविक बिजलीघरों के कूड़े-कचरे को समुद्र में डालने के खिलाफ रहा है। आखिर इससे पैदा होनेवाली रेडियोधर्मिता का समुद्री जीव-जंतुओं पर भी असर पड़ेगा। विरोध का एक और क्षेत्र वनों की कटाई रहा है। जर्मनी में सन 1981-82 में फ्रंकफर्ट के हवाई अड्डे के विस्तार के खिलाफ प्रचण्ड जनआंदोलन हुआ। लाखों नर-नारी उस स्थान पर बैठ गये, जहाँ भीमकाय मशीनें जंगल काटने के लिए आनेवाली थीं। सरकार ने जाड़े के दिनों में उनके ऊपर ठंडे पानी की वर्षा की। इसी प्रकार का आंदोलन बर्लिन में जंगल काटकर एक सड़क वनाने के खिलाफ चला। वहाँ तो सारे क्षेत्र पर तार बाड़ करके ही सड़क बनाई जा सकी। आस्ट्रिया के आंदोलनकारियों ने जंगल को डुबानेवाले डैन्यूब बाँध को रोकने में पेड़ों पर चिपककर सफलता प्राप्त की। इसी प्रकार का आंदोलन कनाडा में मायर्स टापू में चला। अमेरिका के ओरेगन राज्य में तो एक युवक पच्चीस दिनों तक सतहत्तर फुट ऊँचाई पर पेड़ के ऊपर रहा।

सीधी कार्रवाई के आंदोलन चलानेवाले तीन समूह विश्व में ख्याति प्राप्त कर चुके हैं। इनमें सबसे पहला 'ग्रीन पीस' है, जिन्होंने फ्रांस की पनडुब्बी का विरोध करते हुए अपने कार्यकर्ताओं का बलिदान तक दे दिया था। दूसरा समूह अर्थ फर्स्ट (पहले धरती) है। तीसरा समूह जो उष्णकटिबंधीय वनों की रक्षा के लिए समर्पित है, आस्ट्रेलिया में सबसे अधिक सक्रिय है। इसके नेता जान सीड ने दो वर्ष पहले भारत की यात्रा भी की थी। इस समूह ने आस्ट्रेलिया और न्यूजीलैंड में वनों की रक्षा के लिए कई लड़ाइयाँ लड़ी हैं। वे सुदूर पूर्व के देशों हिंदेशिया, मलेशिया, फिलीपींस आदि में, जहाँ के सघन वन लकड़ी के व्यापार से विदेशी मुद्रा कमाने की सरकारी नीतियों के कारण तेजी से समाप्त हो रहे हैं, विभिन्न राष्ट्रीय और स्थानीय संगठनों के द्वारा चेतना पैदा कर रहे हैं।

भारतीय रंगमंच

प्रकृति-संरक्षण और प्रदूषण-मुक्ति के विचारों को फैलाने का श्रीगणेश इस शताब्दी के प्रारंभ में राष्ट्रपिता महात्मा गांधी ने कर दिया था, जब उन्होंने 'हिंद स्वराज्य' के द्वारा भावी भारत के विकास की रूपरेखा प्रस्तुत की थी। गांधीजी ने खादी और ग्रामोद्योगों के विकास

तथा गाँव-गाँव में गाँव के राज की कल्पना द्वारा एक ऐसे विकेंद्रित समाज का विचार किया था, जिसमें न तो प्रकृति का शोषण हो और न केंद्रित उद्योगों के द्वारा पैदा होनेवाले जल और वायु-प्रदूषण के महादैत्यों का जन्म हो। अपने अंतिम दिनों में वे प्रधानमंत्री पं. जवाहरलाल नेहरू के साथ इस चर्चा में व्यस्त थे। इसका विस्तृत ब्यौरा उनके सचिव प्यारेलाल ने 'महात्मा गाँधी–पूर्णाहुति' के अंतिम खंड 'नये क्षितिज की ओर' में दिया है। गाँधीजी ने कहा, "प्रकृति के पास हर एक की आवश्यकताएँ पूरा करने के लिए पर्याप्त है लेकिन चंद लोगों की लोभ-लिप्सा को संतुष्ट करने के लिए कुछ नहीं है।"

नेहरू प्रकृति-प्रेमी थे, लेकिन उन्हें पश्चिमी ढंग के विकास का मोह था, इसलिए देश में एक ऐसी लहर चली जिसमें औद्योगिक हितों को सर्वोपरि माना गया, पर्यावरण की रक्षा के विचार को भारतीय नियोजन में स्थान देने का श्रेय योजना आयोग के सदस्य स्व. डॉ. पीताम्बर पंत को जाता है, पर वे अधिक दिनों तक जीवित नहीं रहे।

राष्ट्राध्यक्षों के स्टॉकहोम सम्मेलन में तत्कालीन प्रधानमंत्री श्रीमती इंदिरा गांधी की भूमिका महत्त्वपूर्ण रही। उन्होंने प्रदूषण का संबंध गरीबी से जोड़ा। सरकारी स्तर पर एक राष्ट्रीय पर्यावरण नियोजन समिति की स्थापना भी की गई, लेकिन सरकारी नीतियों पर इसका कोई बुनियादी प्रभाव न पड़ा। इसकी शुरुआत तो सन् 1980 के संसदीय चुनावों से हुई। इस समय पर्यावरण की रक्षा के लिए चल रहे दो जन-आंदोलनों 'चिपको' आंदोलन और 'मूक घाटी बचाओ' आंदोलन ने सारे देश में पर्यावरण की रक्षा के लिए जन-चेतना पैदा कर दी थी, केंद्र और राज्य सरकारों ने इन आंदोलनों की माँगें मानने से इन्कार कर दिया था। कुछ पक्ष मुक्त नेताओं – आचार्य काका कालेलकर, दादा धर्माधिकारी, सरला बहन, श्री सलीम अली, श्री एस. जगन्नाथन, आचार्य बनारसीदास चतुर्वेदी प्रभृति – ने सब राजनीतिक पक्षों के नाम चुनाव से पूर्व पर्यावरण की रक्षा के प्रति अपने विचार स्पष्ट करने की अपील की। फलतः सभी प्रमुख राजनीतिक पक्षों ने अपने चुनाव घोषणापत्रों में इसे शामिल किया। नई सरकार ने संसद में पर्यावरण की रक्षा के प्रति व्यावहारिक कदम उठाने की घोषणा की, श्रीमती इंदिरा गाँधी ने अप्रैल, 1980 के प्रथम सप्ताह में देश के प्रमुख पर्यावरणविदों की एक बैठक बुलाई और उनकी माँग के आधार पर पर्यावरण विभाग की स्थापना कर दी।

पर्यावरण विभाग ने सभी बड़ी विकास-योजनाओं का पर्यावरण की दृष्टि से अध्ययन अनिवार्य कर दिया। वनों की अनाप-शनाप कटाई को रोकने के लिए सन् 1980 का वन-संरक्षण कानून बना, जिसके अंतर्गत गैर-वानिकी प्रयोजनों के लिए केंद्र की अनुमति के बिना वन-क्षेत्रों के हस्तांतरण पर रोक लगा दी गई। मूक घाटी परियोजना को समाप्त किया गया और उत्तर प्रदेश के पर्वतीय क्षेत्रों में एक हजार मीटर से ऊपर के स्थानों में हरे पेड़ों की व्यापारिक कटाई पर, जो अस्सी प्रतिशत थी, पाबंदी लगाई गई। पर्यावरण विभाग की अन्य महत्त्वपूर्ण उपलब्धियों में पर्यावरण संरक्षण कानून बनाना है, जिससे नागरिकों को सरकार को साठ दिनों का नोटिस देने के पश्चात् पर्यावरण प्रदूषण के मामलों को लेकर

न्यायालय में जाने का अधिकार मिल गया।

राज्यों में भी पर्यावरण विभाग बने हैं और कई राज्यों में राज्यपाल की अध्यक्षता में पर्यावरण परिषद भी बनी है। पर्यावरण विभागों की एक प्रवृत्ति प्रदूषण नियंत्रण बोर्डों का काम है, जो प्रदूषण फैलानेवाले उद्योगों की देखभाल रखते हैं।

पर्यावरण विभाग ने जिन गैर-सरकारी प्रवृत्तियों को जन्म दिया है उसमें पर्यावरण की रक्षा का काम करनेवाली गैर-सरकारी संस्थाएँ एवं विशेषज्ञों की सलाहकार सेवाएँ हैं। गैर-सरकारी संस्थाओं की तो ऐसी बाढ़ आ गई कि इनका ब्यौरा और अता-पता रखने के लिए मार्गदर्शिकाएँ और परिचय पुस्तिकाएँ तक छापना भी एक उद्योग बन गया। ग्रामीण जनसंख्या प्रधान भारत के पर्यावरण की रक्षा करनेवाली इन संस्थाओं के कार्यालय मुख्यतः दिल्ली, राज्यों की राजधानियों और विश्वविद्यालय वाले नगरों में हैं। इनके संचालक या तो अवकाश-प्राप्त उच्चाधिकारी हैं, या विश्वविद्यालयों के प्राध्यापक और कहीं-कहीं पर व्यवसायी लोग। वे सरकारों और विदेशी संस्थाओं से अनुदान प्राप्त करने के तौर-तरीकों में सिद्धहस्त हैं। उनका मुख्य कार्य सम्मेलन, परिसंवाद, कार्यशालाएँ और शिविर संगठित करना और उसके बाद पुस्तक के रूप में उनकी रिपोर्टें छाप देना है। पर्यावरण विभाग की मुख्य प्रवृत्ति इनको सहायता देना रही है। इस प्रकार इन संस्थाओं के माध्यम से पर्यावरण रक्षा एक आंदोलन न बनकर व्यवसाय बन गया है।

सरकार द्वारा उद्योगों की स्थापना के लिए पर्यावरण पर पड़नेवाले उसके कुप्रभावों और उनके निराकरण की कार्ययोजना देने की शर्त लगाये जाने के कारण पर्यावरण रिपोर्ट बनानेवाली व्यावसायिक संस्थाएँ भी खूब फल-फूल रही हैं। उन्हें अच्छी रकम देकर जैसी रिपोर्ट चाहो प्राप्त कर लो और उसके आधार पर स्वीकृति मिलते ही मनमानी करते रहो। सबसे दुखद पहलू तो यह है कि सरकारी उद्योग भी इससे अछूते नहीं हैं। कई निजी उद्योगों में पर्यावरण की दिन-दहाड़े हत्या तो देखी ही जा सकती है, बेलाडीला (बस्तर) जैसे सार्वजनिक प्रतिष्ठान की लौह खानों से भी नदी में गंदा पानी छोड़कर, मीलों तक गंदा पानी बहाकर मनुष्य और पशुओं के जीवन के साथ खिलवाड़ किया जाता है।

इस सबके बीच भी कई ऐसे छोटे-छोटे आंदोलनकारी समूह उभरे हैं, जिन्होंने लोगों को संगठित कर पर्यावरण प्रदूषण की समस्याओं को लेकर जनआंदोलन खड़े किये हैं। 'चिपको' आंदोलन ने कोई बड़ा संगठन न बनाकर पीड़ित लोगों के स्थानीय संगठन के द्वारा जनआंदोलन प्रारंभ करने की परंपरा कायम की। फलतः इसकी जन्मभूमि उत्तराखंड में सन् 1980 के बाद गढ़वाल और कुमायूँ में पर्यावरण को क्षति पहुँचानेवाले खनन-विरोधी आंदोलन सफल हुए हैं। नाहीं-बड़कोट, देहरादून में तो दो-दो साल तक लोग आंदोलन के मोर्चे पर डटे हुए रहे। लोहाघाट में एक बड़े उद्योगपति को 40 लाख रुपया खर्च करने के बाद भी स्थानीय ग्रामीणों के प्रबल विरोध के फलस्वरूप सीमेंट फैक्टरी का निर्माण-कार्य बंद करना पड़ा। गंधमर्दन, उड़ीसा में भारत अल्मूनियम कंपनी के बॉक्साइट खनन कार्य के खिलाफ आदिवासियों के आंदोलन के फलस्वरूप पुनः पर्यावरण पर पड़नेवाले उसके कुप्रभावों की छानबीन करानी

पड़ी। कर्नाटक के पश्चिमी घाट क्षेत्र में युवक मंडलियों द्वारा चलाए गए 'अप्पिको' आंदोलन ने वन-विनाश पर अंकुश लगाने में सफलता प्राप्त की। इसी प्रकार का आंदोलन केरल के कोट्टायम और वायनाड जिले के पर्वतीय क्षेत्रों में स्थानीय लोगों ने चलाया।

यद्यपि ये प्रयोग महत्त्वपूर्ण हैं और जनशक्ति द्वारा समस्याओं के समाधान की दिशा का दर्शन करानेवाले हैं, लेकिन भारत जैसे विशाल देश पर इनका प्रभाव समुद्र में बूँद के समान है। इनका विस्तार ही एक मात्र मार्ग है। उसके लिए सरकार और गैर-सरकारी संगठनों को अपनी कार्यपद्धतियाँ बदलनी होंगी। सरकार को पर्यावरण प्रदूषण की समस्याओं के प्रति अधिक संवेदनशील होना पड़ेगा। अभी तो कुछ ले-देकर प्रदूषण के मामले दब जाते हैं। फिर उनके संबंध में वैज्ञानिक जानकारी यहाँ तक कि बहुचर्चित पर्यावरण संरक्षण कानून और उसके अंतर्गत बने हुए नियमों की लोगों को जानकारी नहीं। हमारे देश में नागरिकों का सूचना पाने का अधिकार स्वीकार नहीं किया गया है। उसके विपरीत सरकारी गुप्त सूचना कानून के अंतर्गत प्रत्येक सरकारी दस्तावेज को गुप्त कहकर छिपाए रखने का अधिकार नौकरशाही को प्राप्त है। प्रायः यह देखा गया है कि पर्यावरण को क्षति पहुँचानेवाली कई योजनाओं से संबंधित दस्तावेजों की जानकारी तब तक नहीं हो जाती, जब तक मामला अदालत में न पहुँच जावे।

गैर-सरकारी संगठनों को स्वैच्छिक संस्था बनना पड़ेगा। इन दोनों के बीच एक बुनियादी फर्क है। गैर-सरकारी संगठन के पीछे तो सरकार के बदले का काम करने की भावना छिपी हुई है। इसीलिए ये संगठन सरकारी अनुदान के आधार पर कुछ कार्यक्रम खड़े कर देते हैं और यह सिलसिला बना रहे इसलिए अनुदान देनेवालों को खुश रखना उनके लिए अनिवार्य हो जाता है। उनके मंच जनता की आवाज को बुलंद करने के बजाय सरकारी उत्सव मूर्तियों की चापलूसी के केंद्र बन जाते हैं। इससे आंदोलन की अपूरणीय क्षति होती है। इसके विपरीत स्वैच्छिक संगठन सरकारी सहायता से युक्त जनशक्ति के आधार पर खड़ा होता है। यह लोगों की आवाज को बुलंद करने के साथ-साथ लोकशक्ति का निर्माण करने का माध्यम बन जाता है। आज केवल पर्यावरण की रक्षा ही नहीं सभी क्षेत्रों में तटस्थ राय का अभाव है, क्योंकि सरकारें तो पक्ष-विपक्ष के चश्मे से ही समस्याओं को देख पाती हैं।

पर्यावरण रक्षा का आंदोलन केवल प्रदूषण-नियंत्रण ही नहीं, यह तो प्रकृति के साथ मनुष्य के प्रेममूलक संबंधों की स्थापना का आंदोलन है। इसकी जड़ें बहुत गहरी हैं। अब पश्चिम के उद्योग-प्रधान समाजों में भी यह समझदारी आने लगी है कि केवल प्रदूषण मुक्ति के उपाय करने से ही, जिसके आज बहुत अधिक ढोल पीटे जाते हैं, पर्यावरण की रक्षा नहीं हो जावेगी। इसलिए 'इकालाजी' (पारिस्थितिकी) से आगे 'डीप इकालाजी' (सघन पारिस्थितिकी) के विचार का विकास हुआ है। पारिस्थितिकी के क्षेत्र में चिंतकों ने इन दोनों के बीच के फर्क को स्पष्ट करते हुए कहा है कि स्वस्थ पर्यावरण की स्थापना तो तब ही हो सकती है जब हम अपनी जीवन-पद्धति में, उद्योग और ऊर्जा के क्षेत्र में बुनियादी

परिवर्तन करें। भारत के संदर्भ में हमें मानव-जीवन के लिए आवश्यक तीन बुनियादी तत्त्वों, स्वच्छ हवा, जीवंत पानी और उपजाऊ मिट्टी की प्राणिमात्र के जीवन के लिए उपलब्धि को अपने चिंतन का आधार बनाना पड़ेगा। भारत की ज्वलंत और तात्कालिक समस्या जल-संकट से मुक्ति की है। यह देशव्यापी पारिस्थितिकीय चेतना को जगाने का एक मुद्दा हो सकता है। यह राष्ट्रीय ही नहीं, जागतिक समस्या भी है।

[चिपको शिविर, गल्डू खाल, पोस्ट थानों, देहरादून]

12

थकी-हारी धरती को अब विश्राम दीजिए

कैलिफोर्निया के स्टेनफोर्ड विश्वविद्यालय स्थित 'अंतर्राष्ट्रीय धरती दिवस 1990' की अपील पर 22 अप्रैल को विश्व के एक सौ बीस देशों में 'धरती दिवस' मनाया जा रहा है। आयोजन समिति के छियालीस सदस्यों में कई ख्यातिप्राप्त वैज्ञानिकों, पर्यावरणविदों और विश्व संगठनों के प्रमुखों के अलावा कोस्टारिका गणराज्य के राष्ट्रपति भी शामिल हैं। राजनीतिक विचारधाराओं के भेदभाव भुलाकर सब ही देशों का प्रतिनिधित्व इसमें है। आज तक यह माना जाता था कि पर्यावरण की रक्षा की आवाज केवल गैर-साम्यवादी देशों से ही उठ रही है क्योंकि हरित पार्टियों का जन्म यूरोप में हुआ है लेकिन अब सोवियत संघ और साम्यवादी खेमे के देशों में पिछले वर्ष हुई वैचारिक उथल-पुथल के बाद सोवियत संघ भी इन आयोजनों में उत्साहपूर्वक भाग लेने लगा है। जनवरी में तो मास्को में अंतर्राष्ट्रीय संसदीय एवं आध्यात्मिक नेता सम्मेलन ही हुआ, जिसमें राष्ट्रपति गोर्बाचेव ने कहा, पारिस्थितिकी के संबंध में हमारा विचार बदल गया है। एक मात्र अंतर्राष्ट्रीय प्रयासों से ही हम आनेवाली दुर्घटना को टाल सकते हैं। वस्तुस्थिति यह है कि धरती में बढ़ते हुए पारिस्थितिकीय असंतुलन को सुधारने के लिए किसी के पास ऐसा अजूबा नुस्खा नहीं है, जिसे अचूक माना जा सके। परिस्थितियाँ इतनी जटिल हो गई हैं कि तत्काल कोई कदम नहीं उठाया गया तो सारे उपग्रह के लिए मौत मुँह बाये खड़ी है।

धरती के लिए पैदा हुआ संकट भूकंप, तूफान और कई प्राकृतिक प्रकोपों से कहीं अधिक गहरा है। धरती को बचाने के लिए ओह-पोह मचानेवाले यह अच्छी तरह से जानते हैं कि पर्यावरण प्रदूषण को रोकने के लिए तकनीकी उपायों से ही पूरी सफलता नहीं मिल सकती। मास्को के सम्मेलन में संयुक्तराष्ट्र महासचिव ने कहा, "हमें तकनीक द्वारा पैदा की गई समस्याओं को हल करने के लिए ही एक नई तकनीक चाहिए।"

यह नई तकनीक क्या वैज्ञानिकों की प्रयोगशालाओं में विकसित होगी, क्योंकि आजकल दुनिया के सभी देशों के पर्यावरण विभाग पर्यावरण रक्षा के लिए जिस प्रयास में लगे हुए हैं उसमें तकनीकी का मुख्य स्थान है। कारखाने की चिमनी या मोटरगाड़ी के धुआँ छोड़नेवाले यंत्र में सुधार की बातें होती हैं। हमारे देश में ही राज्य प्रदूषण बोर्ड बने हुए हैं। अनुभव से यह देखा गया है कि पश्चिम के देशों में विकसित हुए तकनीकी उपाय इतने महँगे

और खर्चीले हैं कि गरीब देशों में इन पर अमल होने से अधिक सुविधाजनक चोरी से उनकी उपेक्षा करना माना जाता है। यह निजी उद्योगों में ही नहीं, सार्वजनिक उद्योगों में भी है।

मास्को सम्मेलन के समापन पर एक घोषणापत्र जारी किया गया, जिसमें उपग्रह के प्रति एक नई दृष्टि विकसित करने का आह्वान किया गया है। इसमें धरती पर मनुष्य की गतिविधियों के लिए आध्यात्मिक और नैतिक आधार को शामिल करना भी शामिल है। वैज्ञानिकों और धार्मिक नेताओं ने संयुक्त रूप से धरती को संरक्षित और प्रसन्न रखने की इस घोषणा में उन प्रवृत्तियों में जिन्होंने सारी दुनिया को मौत के कगार पर खड़ा कर दिया है, बुनियादी परिवर्तन की माँग की है।

धरती के प्रति मनुष्य का व्यवहार कैसा हो? इसका संकेत इस प्रार्थना से मिलता है :

"विष्णु पत्नी नमः स्तुभ्यं पादस्पर्शं क्षमस्व मे" –

("हे धरती माता! मैं तुम्हें नमस्कार करता हूँ। मजबूरी से मुझे तुम्हारे ऊपर चलना पड़ता है। पैरों से स्पर्श करना पड़ता है, इसलिए मुझे क्षमा करो।")

अब तो हमारी सभ्यता ने हमें असीमित भोगलिप्सा का पुतला बनाकर धरती का कसाई बना दिया है। हम उसके साथ क्या-क्या नहीं कर रहे हैं? खनिज और धातुओं को निकालने के लिए जिनके बिना आज का सभ्य इनसान एक क्षण भी जी नहीं सकता, मीलों अंदर खनन, पेड़-पौधों को काटकर धरती की चमड़ी उधेड़ और भीमकाय बाँध बनाकर उसे डुबाना हमेशा के लिए मृत कर देना। धरती के साथ बलात्कार की इन गतिविधियों में अमीर लोग सबसे आगे खड़े हैं। 'हमारा साँझा भविष्य' रिपोर्ट के अनुसार "विश्व की जनसंख्या के सबसे अधिक धनी 27 प्रतिशत लोग अस्सी से लेकर छियासी प्रतिशत तक अनवीनीकृत संसाधनों और चौंतीस से लेकर पचास प्रतिशत तक खाद्य-वस्तुओं का उपभोग करते हैं।"

अतः धरती के अनवरत शोषण का मुख्य दोषी उपभोक्तावाद है। जिस बुनियादी परिवर्तन की माँग मास्को सम्मेलन में हुई है, उसकी दिशा तो सादगी, संयम और किफायतसारी को समाज में प्रतिष्ठित करना होगा। भारत में सौ से अधिक संस्थाओं ने 'धरती दिवस' मनाने के कार्यक्रम बनाए हैं, जिसमें वृक्षारोपण, साइकिल जुलूस, सभाएँ और गोष्ठियाँ, फिल्म-प्रदर्शन आदि शामिल हैं। एक दिन के समारोह में तो कुछ प्रतीकात्मक कार्यक्रम ही हो सकते हैं। मैं इसके साथ कुछ ऐसे कार्यक्रम जोड़ने का सुझाव देना चाहता हूँ, जिनकी जड़ें हमारी संस्कृति में हैं।

पहला कार्यक्रम तो कम-से-कम आधे दिन का उपवास रखने का है। पश्चिम से भोजों की परंपरा आई है। भोज और दावत का अर्थ है सात्विक जीवन को छोड़ राजसी जीवन की ओर मुड़ना। यदि पाँचतारा होटलों में होनेवाली गोष्ठियों और प्रेस-सम्मेलनों की प्रथा को इस दिन तिलांजलि देने का चलन प्रारंभ कर दें तो धरती और उसके पुत्रों का शोषण बहुत हद तक कम होगा। कई मुर्गों, बकरों और गाय-बैलों की जान बचेगी और शराब

बनाने में खर्च होनेवाले साधनों की बचत होगी। इस दिन वृक्षों की उपज पर गुजारा करना एक आदर्श कदम होगा। यह सात्विक आहार तो है ही इसके साथ ही धरती को इससे कोई कष्ट नहीं होता। वृक्ष-खेती की ओर बढ़ने का विचार राष्ट्रपिता महात्मा गांधी ने तो सन् 1926 में ही रख दिया था। आज जल-संकट, रेगिस्तानों के विस्तार और अन्न की खेती के कारण पैदा हुई भूमि के दलदलीपन, लवणीकरण व भूक्षरण की समस्याओं से निपटने के लिए वैज्ञानिक भी इसकी सिफारिश कर रहे हैं।

बड़े नगरों में साइकिल रैलियों के कार्यक्रम का समापन उत्साही लोगों द्वारा केवल साइकिल का उपयोग करने के संकल्प के साथ होना चाहिए। सामूहिक पदयात्राएँ दूसरा कार्यक्रम हो सकता है, जो सर्वत्र अपनाया जा सकता है।

प्रायः हमारी सभाएँ और गोष्ठियाँ सजे-सजाये वातानुकूलित सभागृहों में होती हैं। भारत जैसे देश के लिए जहाँ साल में ढाई सौ से लेकर तीन सौ दिनों तक मौसम सूखा रहता है, इतने ही समय तक बारिश और बादलवाली उत्तरी गोलार्द्ध के देशों की मौसम के कारण वहाँ पर होनेवाले सभागृहों की भोंडी नकल हास्यास्पद है। खुले आकाश और पेड़ों के नीचे सभा और गोष्ठियों का आयोजन होना चाहिए। बुद्ध और महावीर ने अपने प्रवचन आम्रकुंजों में पेड़ों के नीचे बैठकर दिए। प्रकृति-संरक्षण और पर्यावरण की रक्षा के लिए होनेवाले सभी आयोजन वृक्षों के नीचे होने चाहिए।

धरती पर अधिक बोझ ऊर्जा के लिए खनिज तेल, कोयला, जल-विद्युत और परमाणु ऊर्जा के कच्चे माल लेने के लिए पड़ता है। ऊर्जा की बचत और उसके फालतू खर्चों के स्थानों पर प्रदर्शन आदि तीसरा कार्यक्रम हो सकता है। इसका व्यावहारिक स्वरूप बड़े बाँधों और परमाणु बिजलीघरों और ऊर्जा का सर्वाधिक उपयोग करनेवाले पाँचतारा होटलों के विरुद्ध प्रदर्शन भी आयोजित किए जा सकते हैं।

भारत की अधिकांश जनसंख्या देहातों में रहती है लेकिन देहातों में अब हम शहरों को ले जा रहे हैं – सीमेंट के मकान, सड़कें और धुआँ उगलनेवाले कारखाने। गाँवों के जीवन और विकेंद्रित जीवन-पद्धति, जिसमें खादी और ग्रामोद्योग आदि को प्रोत्साहन शामिल है, के प्रति लोगों में उत्साह पैदा करना 'धरती दिवस' का एक निरंतर जारी रहनेवाला कार्यक्रम हो सकता है।

13

विकास व पर्यावरण में संतुलन की आवश्यकता

प्रकृति ने हमें सघन वनों, उपजाऊ घाटियों, निरंतर बहनेवाले नालों और नदियों का वरदान दिया था। एक शताब्दी पूर्व प्रकृति के उन उपहारों का सातत्य के आधार पर उपयोग करके हम सबसे अधिक खुशहाल थे। वनों के व्यापारीकरण के कारण जीवन का ताना-बाना टूट गया। प्राकृतिक वन जिनसे हमें खाद्य, रेशा और जिंदा रहने तथा व्यापार के लिए कई आवश्यक वस्तुएँ मिलती थीं, व्यापारिक दोहन करनेवालों के लालच के शिकार हो गए। ये वन उपजाऊ मिट्टी पैदा करने के कारखाने और नदियों की माँ थे। कस्तूरी शहद और जड़ी-बूटियाँ जैसी वन-उपज गायब हो गईं, चारे के अभाव के कारण पशुओं की नस्ल बिगड़ गयी, भू-क्षरण के कारण कृषि-भूमि का उपजाऊपन समाप्त हो गया। चीड़ के वनों ने मिट्टी को तेजाबी बना दिया। तीखे ढालों पर कृषि का विस्तार होने के बावजूद भी उत्तराखंड हिमालय में जहाँ टिहरी बाँध बन रहा है, 17.6 व्यक्तियों के लिए केवल एक हेक्टेयर कृषि-भूमि है। प्रति व्यक्ति इस इतनी कम भूमि (0.06 हेक्टेयर) में से केवल 12 प्रतिशत भूमि सिंचित है, यह सब घाटियों में है।

इन परिस्थितियों में पहाड़ों में हमारे जिंदा रहने का एकमात्र साधन अब केवल पानी ही रह गया है। पानी स्वाभाविक रूप से नीचे की ओर बहता है लेकिन जब तक पानी ऊपर उठाने की तकनीक मालूम नहीं थी, हम अपने सीमित साधनों से सिंचाई के लिए नालियाँ बनाकर ही इसका उपयोग कर सके। आजादी के बाद पर्वतीय लोगों की एकमात्र माँग सिंचाई के लिए पानी ऊपर उठाने की थी, जो यह कहकर ठुकरा दी गई कि ये योजनाएँ बहुत खर्चीली हैं। दूसरी ओर मध्य हिमालय में एक विशाल योजना बनाकर इस पानी का 300 कि. मी. दूर दिल्ली में घरेलू उपयोग के लिए तथा सिंचाई साधनों से सम्पन्न पश्चिमी उत्तर प्रदेश में सिंचाई के लिए निर्यात की योजना है।

पर्वतीय गाँवों को पीने और सिंचाई के लिए पानी पहुँचाने के बजाय टिहरी बाँध बनानेवाले दिल्ली को गंगाजल पहुँचाने का आश्वासन देते हैं। दिल्ली में पानी की कमी क्यों है ? क्योंकि दिल्ली में पाँचसितारा होटलों के तैराकी तालाबों, बड़ी-बड़ी कोठियों के घास के मैदानों और फव्वारों, स्नानघरों के लिए उदारतापूर्वक पानी दिया जाता है। वे 6.04 लाख हेक्टेयर पहले से ही सिंचित भूमि को तथा 2.71 लाख हेक्टेयर नयी भूमि

को सिंचाई के लिए पानी पहुँचाना चाहते हैं।

भागीरथी और मिलंगना घाटियों के 70 कि.मी. क्षेत्र में रहनेवाले 86 हजार लोगों को हमेशा के लिए अपने घरबार छोड़ने के लिए मजबूर किया जा रहा है। यह क्षेत्र टिहरी बाँध के पीछे बननेवाले 42 वर्ग कि.मी. जलाशय के नीचे डूब जाएगा। यह जलाशय इसलिए बनाया जा रहा है कि मोदी नगर जैसे 140 औद्योगिक नगरों के लिए सबसे अधिक आवश्यकता के 6 घंटों के लिए बिजली मुहैया की जा सके। बाँध बनानेवाले नदी के सीधे बहाव से बननेवाली जल-विद्युत योजनाओं से संतुष्ट नहीं हैं क्योंकि इससे 24 घंटे बिजली बनती है।

इस प्रकार बड़े बाँध जलाशयों से लाभ केवल सम्पन्न वर्गों को मिलता है और इसकी कीमत चुकानी पड़ती है सबसे गरीब लोगों को, जो बेघरबार हो जाते हैं। सबसे अधिक उपजाऊ घाटियाँ डूब जाती हैं और इन सबसे अधिक इतिहास, संस्कृति, बहुमूल्य परंपराएँ और स्मारक समाप्त हो जाते हैं। निरंतर बहती हुई भागीरथी का दृश्य जिससे लाखों तीर्थयात्री प्रेरणा प्राप्त करते रहते हैं और जो सारे भारत को एकता के सूत्र में बाँधती है, लुप्त हो जाएगी।

जहाँ तक पर्वतीय लोगों के पुनर्वास का प्रश्न है वे एक भिन्न परिवेश में प्रसन्न नहीं रहते। भूम्बला कमेटी ने पाया कि दस वर्ष पूर्व टिहरी से हटाये गये लोगों की दशा दयनीय है। हिमाचल प्रदेश लोक प्रशासन संस्थान ने पोंग बाँध के विस्थापितों के एक अध्ययन में सही चित्रण किया है। पोंग बाँध पर सन् 1960 में काम शुरू हुआ था। बाँध के जलाशय से 30 हजार परिवार विस्थापित हुए थे। इन परिवारों में से 14 हजार परिवारों को पुनर्वास के अंतर्गत मिलनेवाली सुविधाओं के योग्य ही नहीं समझा गया। किसी न किसी तरह से लोग हिमाचल प्रदेश में रहकर अपनी गुजर-बसर करके रह रहे हैं। शेष 16 हजार परिवारों को यह मान्यता दी गयी कि उन्हें राजस्थान में फिर से बसने का हक है। इनमें से केवल 2537 परिवारों का अर्थात 8 प्रतिशत का पुनर्वास हो सका है। एक अलग परिवेश में पहुँच जाने के कारण वे मानसिक रूप से त्रस्त थे। एक ओर हिमाचल, जहाँ हरे-भरे शस्यश्यामल ऊँचे-ऊँचे पहाड़ थे वहीं राजस्थान में ये धूल-भरे तूफानों, अनावृष्टि तथा कड़कड़ाती जाड़े की रातों की रातों का सामना करने के लिए बाध्य थे। पीढ़ी दर पीढ़ी जब अपने सगे-संबंधियों से उनका जो रिश्ता चला आ रहा था, यहाँ जाकर वह भी टूट गया था।

लोगों को अपने पैतृक घरों से हटाने और उनके प्राकृतिक परिवेश से हटाने के कारण गुस्सा और विरोध का जन्म होता है, जो उग्रवाद की जननी है।

प्रायः सभी बड़े जलाशय पर्वतीय और आदिवासी क्षेत्रों में हैं, जहाँ जनसंख्या बहुत कम है और बिखरी हुई है।

बड़े बाँधों और उनसे जुड़ी नहर प्रणाली के विनाशकारी प्रभावों को सोवियत संघ के अनुभव के बाद अनदेखा नहीं किया जाना चाहिए। इसका विश्लेषण वहाँ के मृदा वैज्ञानिक

और स्वतंत्र पारिस्थितिकी संरचना प्रयोगशाला के निदेशक सेरजी पोनो मेरिनिको ने इस प्रकार किया है, "जल प्रबंध मंत्रालय ने अरबों रुपयों की लागत पर बाँध और नहरों के निर्माण की ऐसी योजना बनायी जिनके फलस्वरूप अकथनीय क्षति हुई है। प्राचीनकाल से आबादीवाली उपजाऊ भूमि को जिसका क्षेत्र फ्रांस के बराबर था, बड़े-बड़े बाँध, जलाशय बनाकर जलमग्न किया गया। रूस में सड़कों से अधिक सिंचाई-नहरों की लंबाई है। नहरों की पूरी लंबाई पृथ्वी से चंद्रमा तक की दूरी से दुगुनी है। केवल 1985 और 1987 के बीच एक करोड़ दस लाख हेक्टेयर सिंचाई-प्रणाली का निर्माण किया गया था जिसमें से 40 लाख हेक्टेयर जमीन पूर्णतया खारी हो गई और इसका उपजाऊपन समाप्त हो गया।

"नेपर नदी के नीचे के क्षेत्रों में भी खेती के लिए सिंचाई-प्रणालियों का निर्माण किया गया, जिसके फलस्वरूप इसकी ढीली काली मिट्टी सख्त मिट्टी में बदल गयी। कम से कम दस लाख हेक्टेयर काली मिट्टीवाली भूमि की प्राकृतिक उर्वरता नष्ट हो गयी।"

टिहरी बाँध का भूमि के उपजाऊपन और पानी के उपयोग के संबंध में भूम्बला समिति का मत इस प्रकार है, "जलाशय में इकट्ठा करने और उसके पश्चात् नहर प्रणाली में ले जाने के फलस्वरूप नदी के बदले हुए प्रवाह में कम पानी बहेगा और दियारा के क्षेत्र में कमी होगी। यद्यपि पहाड़ों की तलहटी पर बाढ़-प्रभावित क्षेत्र में वृद्धि होगी लेकिन ये उपजाऊ गाद और भूमिगत जल की वृद्धि से वंचित रहेंगे। गंगा के किनारे दियारा की भूमि सबसे अधिक उपजाऊ होती है जो किसानों को मौसमी खेती के लिए वार्षिक पट्टे पर दी जाती है। दियारा की भूमि में कमी होने से समाज के सामाजिक-आर्थिक दृष्टि से पिछड़े हुए वर्ग पर प्रतिकूल प्रभाव पड़ेगा। वे केवल कृषि पैदावार से ही वंचित नहीं हो जाएँगे बल्कि चरागाह भी समाप्त हो जाएँगे।"

उत्तरकाशी के भूकंप के बाद टिहरी बाँध की सुरक्षा के पहलू पर बहुत कुछ कहा गया है। यदि इंजीनियर टिहरी में रिक्चर पैमाने पर 8.5 बिंदु का भूकंप सहने योग्य बाँध बना भी लेते हैं तो पर्वतीय लोगों ने अपनी व्यावहारिक बुद्धि के आधार पर एक बुनियादी सवाल उठाया है। वे पूछते हैं कि क्या वे आसपास की पहाड़ियों की मजबूती की गारंटी दे सकते हैं जो बाँध जलाशय में गिरकर दुर्घटना पैदा कर सकती है? सन् 1963 में इटली के वियोन्ट बाँध पर ऐसी दुर्घटना हुई थी। टिहरी बाँध के टूटने पर प्राकृतिक दुर्घटना के अलावा अंतर्राष्ट्रीय सीमा पर होने के कारण बमबारी का शिकार हो सकता है। गंगा के मैदान की तबाही की कल्पना भी नहीं की जा सकती। 5 जून, 1990 को विशाखापट्टनम के इंजीनियरिंग संस्थान के समक्ष टिहरी बाँध के विनाश से पैदा होनेवाली बाढ़ की विनाश-लीला के बारे में एक तकनीकी लेख पत्र में डॉ. नरसिंह ने अनुमान लगाया है कि बाढ़ का पानी बाँध टूटने के एक घंटे बाद ऋषिकेश में और बीस मिनट में हरिद्वार पहुँच जाएगा। देवप्रयाग, ऋषिकेश, हरिद्वार और उसके आसपास का क्षेत्र 70 मीटर ऊँचे पानी के नीचे रहेगा, जबकि मेरठ 7 मीटर की बाढ़ के नीचे रहेगा। वह 12 घंटे में समाप्त हो जायेगा।"

टिहरी बाँध जैसी खतरनाक परियोजनाओं को जारी रखते हैं तो हमें विकास और पर्यावरण के बीच नहीं बल्कि जिंदगी और मौत के बीच चुनाव करना पड़ेगा। समय की माँग है कि हम एक ऐसी वैकल्पिक जीवन-पद्धति और तकनीकी का विकास करें जो फिजूलखर्ची के स्थान पर आवश्यकताओं की पूर्ति और बड़े के स्थान पर लघु का विकल्प दे सकें। लघु हमेशा दीर्घ-जीवी पर्यावरण मित्र और आर्थिक स्थायित्ववाला होता है। हमें चाहिए उन साधनों को खोजें ज़िनसे विकास और पर्यावरण के बीच असंतुलन कायम हो सके।

14

आर्थिक वृद्धि को विकास का लक्ष्य मानने के दुष्परिणाम

पारिस्थितिकीय ह्रास के कारण मानव-जाति के कयामत के दिन निकट पहुँचने की बातें अब केवल कुछ लोगों की चेतावनी मात्र नहीं रह गई हैं। इन्हें पर्यावरण अतिवादी या आतंकवादी कहकर आज की व्यवस्था जतानेवाले लांछित करते रहे हैं। आर्थिक दृष्टिवाले विकास की वैज्ञानिक समीक्षा कर भविष्य के चालीस वर्षों के लिए मार्गदर्शन करनेवाली विश्व चौकसी संगठन (वर्ल्ड वाच इंस्टीच्यूट) की 'विश्व स्थिति रिपोर्ट – 1994' ने कुछ चौंकानेवाले तथ्य प्रस्तुत किए हैं। इस रिपोर्ट को विश्व के प्रशासक, नीति-निर्धारक और समाजशास्त्री पिछले ग्यारह वर्षों से मार्गदर्शिका के रूप में प्रयोग करते रहे हैं। 27 भाषाओं में इसका अनुवाद हुआ है। अंग्रेजी संस्करण की ही न्यूयार्क, लंदन और नई दिल्ली से एक लाख प्रतियाँ छपी हैं। हाल ही में डेवोस के विश्व आर्थिक फोरम में इसकी 1100 प्रतियाँ फोरम में भाग लेनेवाले विश्वनेताओं में वितरित की गई थीं।

आर्थिक वृद्धि को विकास का लक्ष्य मानने का पहला दुष्परिणाम यह हुआ है कि धरती की जिंदा रहने के साधनों को मुहैया करने की क्षमता में आश्चर्यजनक ह्रास हुआ है। मनुष्य की दखलंदाजी से पूर्व धरती के जंगल, चरागाह और दूसरे जमीन से संबंधित संसाधनों की उत्पादन क्षमता 150 अरब टन थी। मानवों ने इनमें से 12 प्रतिशत को नष्ट कर दिया और 27 प्रतिशत का वे सीधे-सीधे उपयोग करते हैं। इस प्रकार केवल एक प्रजाति मानव ही 40 प्रतिशत संसाधनों का प्रयोग कर रही है और शेष जीवधारियों के लिए केवल 60 प्रतिशत संसाधन बचे हैं। यह 40 प्रतिशत तो वह हैं, जिस तक मानव की आसानी से पहुँच थी, अब प्रयास अधिक से अधिक हथियाने का है, आधुनिक तकनीकी का लक्ष्य ही यही है।

इसका परिणाम क्या होगा? जब वनों के साथ अधिक छेड़छाड़ होती है तो पानी पर इसका प्रभाव पड़ता है। वनों के संरक्षण के बारे में इतनी चिल्ल-पों मचने के बाद भी सन् 1980 और 90 के बीच दुनिया में तेरह करोड़ हेक्टेयर वन कट गए। इनमें से अधिकांश उष्णकटिबंधीय वन थे, जो विविध वनस्पति व जंतुओं के आनुवंशिक कोष थे, विविधता समाप्त कर मानव की भोगलिप्सा की तृप्ति करनेवाली एकल प्रजाति की रोपवानियाँ खड़ी की गईं। एक प्राकृतिक उत्पादन पद्धति को, जो प्रजातियों के परस्परावलंबन के

आधार पर खड़ी है, उद्योगों की उत्पादन प्रणाली में बदल दिया गया है। धरती से अधिक से अधिक चूसकर संपन्नता का चमत्कार दिखानेवाली तकनीकी – बायो टेक्नोलॉजी – जिसे भविष्य की आशा कहा गया है, यही सबकुछ करती है।

जो कुछ वनों के साथ हुआ है, वही कृषि भूमि के साथ हुआ है। विकास के चार दशक हरित क्रांति के द्वारा अन्न और दूसरे खाद्य पदार्थों की पैदावार में आश्चर्यजनक वृद्धि का युग रहा है। इस बीच विश्व में अन्न की पैदावार सन् 1950 में 63 करोड़ 10 लाख टन से बढ़कर सन् 1990 में 1078 टन हो गई। प्रति वर्ष औसतन 2 करोड़ 90 लाख टन करोड़ की वृद्धि, अन्न की पैदावार के साथ-साथ मांस के उत्पादन में भी 2.6 (दो दशमलव छह) गुनी वृद्धि हुई। यह 2 करोड़ 40 लाख टन से बढ़कर 6 करोड़ 20 लाख टन हो गया। मछली उत्पादन 2 करोड़ 20 लाख टन से बढ़कर 10 करोड़ टन हो गया।

यह विकास के पुरोधाओं के लिए गर्व का विषय होना चाहिए था, लेकिन पिछले दशक के अंतिम वर्षों में सन् 1984 के बाद अन्न उत्पादन की वृद्धि की दर यकायक घटने लगी। यह वृद्धि सिंचाई के क्षेत्र में विस्तार और उर्वरकों के प्रयोग से आई थी। पहले एक टन उर्वरकों का उपयोग करने से नौ टन अन्न का उत्पादन होता रहा, लेकिन वृद्धि के पराकाष्ठा पर पहुँचने के बाद इसकी दर घटकर केवल दो टन रह गई है। सन् 1984 और 1993 के बीच उससे पहले की 2 करोड़ 90 लाख टन अन्न की वार्षिक वृद्धि की दर घटकर 1 करोड़ 20 लाख टन प्रति वर्ष पर आ गई। अगले चालीस वर्षों में यदि यही दर कायम रही तो प्रति व्यक्ति अन्न की उपलब्धि जो सन् 1984 के शिखर वर्ष में 346 कि. ग्रा. प्रति व्यक्ति प्रति वर्ष तक पहुँच गई थी, सन् 2030 में 248 कि. ग्रा. ही रह जाएगी।

अन्न-उत्पादन का सीधा-सीधा असर मांस के उत्पादन पर पड़ता है। हमें इस गलतफहमी में नहीं रहना चाहिए कि प्रति व्यक्ति अन्न-उत्पादन में हुई वृद्धि से भुखमरी कम हुई होगी और गरीब लोगों का जीवन-स्तर ऊँचा उठा होगा। प्रति व्यक्ति अन्न की खपत के आँकड़ों से यह भ्रम दूर हो जाता है। कनाडा में प्रति व्यक्ति 974 कि. ग्रा., संयुक्त राज्य अमेरिका में 860 कि. ग्रा. तो भारत में 186 कि. ग्रा. और बंगलादेश में 176 कि. ग्रा. वार्षिक अन्न की खपत थी। इस भारी अंतर का रहस्य यह है कि इन देशों में अन्न का अधिक उपयोग उसे पशु, प्रोटीन, मांस, अनाज, अंडा और दूध में परिवर्तित करने के लिए होता है। अमेरिका के आदमी की वर्षिक खुराक में 42 कि. ग्रा. गोमांस, 28 कि. ग्रा. सूअर का मांस, 44 कि. ग्रा. मुर्गी, 271 कि. ग्रा. दूध शामिल है जबकि भारत में अन्न का उपयोग केवल भूख मिटाने के लिए होता है। भारत का यह सौभाग्य है कि सांस्कृतिक कारणों से प्रति व्यक्ति मांस का वार्षिक उपयोग केवल एक कि. ग्रा. है लेकिन दूध की उपलब्धि भी तो केवल 31 कि. ग्रा. प्रति व्यक्ति है। एक कि. ग्रा. मांस पैदा करने के लिए 7 कि. ग्रा. अन्न का उपयोग होता है। अन्न उत्पादन की शिखर वृद्धि के वर्षों में 40 प्रतिशत अन्न का उपयोग पशु आहार के लिए होता था। अतः यह 37 प्रतिशत पर आ गया है। पशु आहार के लिए

सबसे अधिक अन्न का उपयोग करनेवाले दो देश संयुक्त राज्य अमेरिका (16 करोड़ टन) और चीन (14 करोड़ टन) प्रति वर्ष है।

मछली के उत्पादन में भी पिछले चार दशकों में असाधारण वृद्धि हुई है। यह सन् 1950 में दो करोड़ बीस लाख टन वार्षिक से बढ़कर सन् 1990 में दस करोड़ टन हो गई। प्रति व्यक्ति औसत उपलब्धि 9 कि. ग्रा. वार्षिक से बढ़कर 19 कि. ग्रा. हो गई, लेकिन अब इसमें भी गिरावट आने लगी है। यह घटकर 11 कि. ग्रा. प्रति व्यक्ति ही रह गई है। इसका मुख्य कारण तटीय समुद्र का प्रदूषण है, जहाँ से नब्बे प्रतिशत मछली का उत्पादन होता है।

भविष्य के लिए संकेत

आर्थिक दृष्टि के इस चित्रपट से तो सूर्यवत स्पष्ट हो गया है कि यह रास्ता हमारे उपग्रह को मौत की ओर ले जा रहा है। मौत का तांडव नृत्य दुनिया के गरीब देशों में अधिक भीषण होगा, क्योंकि वहाँ के बहुसंख्यक लोग सीधे-सीधे जल, जंगल और जमीन के प्राकृतिक संसाधनों के उपयोग पर जिंदा रहते हैं। बाजार की अर्थव्यवस्था ने अब इनकी जिंदा रहने की पीढ़ियों पुरानी पद्धतियों में आमूल-चूल परिवर्तन ला दिया है। अर्थशास्त्र के धर्म का मंदिर बाजार है और भगवान मुद्रा है। इसमें भी विदेशी मुद्रा का और मुख्यतः 'डालर' का स्थान सबसे ऊँचा है। उद्योग प्रधान देशों ने सारी दुनिया के प्रायः सब ही देशों के नेताओं के सामने उनके शरणागत होने के अलावा कोई रास्ता नहीं है। वे मुक्त बाजार के द्वारा संसाधनों को हथिया रहे हैं। इससे कोई अंतर नहीं पड़ता कि किस देश में कौन सरकार शासन करती है। इस व्यवस्था को स्वीकार करनेवालों की एक ही नियति होगी – आर्थिक गुलामी।

यह करिश्मा कि व्यापार-प्रधान देश किस प्रकार बुनियादी संसाधनों के अभाव में भी सम्पन्न बने रहते हैं। जापान और नीदरलैंड के उदाहरणों से स्पष्ट हो जाता है। जापान कार और कम्प्यूटर की बिक्री करता है और उसकी कमाई से खाद्य, लकड़ी तेल, लोहा और दूसरा कच्चा माल खरीदता हे। नीदरलैंड अपने कृषि, चरागाह और वन क्षेत्र से दस गुना क्षेत्र का उत्पादन के लिए उपयोग करता है। जापान में प्रति व्यक्ति 18.000 डालर वार्षिक राष्ट्रीय उत्पादन है। जापान का व्यापार साम्राज्य तो सुदूर कनाडा तक फैला हुआ है, जहाँ के वनों को उसने लम्बे समय के लिए पट्टे पर लिया है। अपने पड़ोसी पूर्वी एशिया के उष्णकटिबंधीय वनों का सफाया जापान की बढ़ती हुई भोग-लिप्सा और व्यापारिक आवश्यकताओं की पूर्ति के लिए हुआ है। वन-विनाश के कारण कंगाल हो रहे पूर्वी एशिया के आदिवासियों को भुखमरी की ओर धकेला जा रहा है। विकास के युग में इन देशों से जापान को निर्यात की जानेवाली लकड़ी में आठ गुनी वृद्धि (सन् 1961 में 88,00,000 घन मीटर प्रति वर्ष से सन् 1991 में 7,01,00,000 घनमीटर) हुई है। नव उद्योग-प्रधान एशिया के देशों – दक्षिण कोरिया, ताइवान, चीन, हांगकांग, सिंगापुर के

कदम भी उसी दिशा में बढ़ रहे हैं। इन देशों को भारत के लिए आदर्श के रूप में प्रस्तुत किया जा रहा है।

अपने व्यापार को ये देश किस तरह संतुलित करते हैं, इसकी झलक उनके आयात-निर्यात से मिलती है। हालैंड दूध और उससे बनी हुई वस्तुओं का निर्यात करता है, लेकिन वह अपने पशुओं के लिए आहार का आयात सुदूर थाईलैंड जैसे देशों से करता है। भारत भी खली का बड़ा निर्यातक है। सन् 1989-90 में हमने 546 करोड़ रुपए की खली का निर्यात किया था, उसमें निरंतर बढ़ोतरी का लक्ष्य है। उधर नीदरलैंड की ओर से भारत को पशुओं का गोबर निर्यात करने की पेशकश है, क्योंकि दूध का उत्पादन करने के लिए उन्हें पशुओं को जो कुछ खिलाना पड़ता है, उनके गोबर से उनकी नदियों में प्रदूषण की गंभीर समस्या पैदा हो गई है, बावजूद इसके गायों की दूध देने की क्षमता कम होने के बाद वे इन्हें कत्लखाने में भेज देते हैं।

जनसंख्या की वृद्धि की दर में बढ़ोतरी अगले चालीस वर्षों में एक नई घटना होगी। पिछले चालीस वर्षों में विश्व की जनसंख्या दुगुनी – ढाई अरब से पाँच अरब बीस करोड़ हुई है, इसमें प्रति वर्ष सात करोड़ की वृद्धि हुई। अगले चालीस वर्षों में जनसंख्या के आठ अरब नब्बे करोड़ होने का अनुमान है। प्रति वर्ष नौ करोड़ की वृद्धि की दर पश्चिमी देशों में बहुत कम होगी, यहाँ तक कि रूस और इटली में जनसंख्या क्रमशः दस और बीस लाख कम होगी। इधर भारत में जहाँ पिछले चालीस वर्षों में जनसंख्या में 30 करोड़ 70 लाख की वृद्धि हुई है, अगले चालीस वर्षों में 59 करोड़ की वृद्धि होगी। चीन के बाद आज की तरह हम विश्व में दूसरे नंबर के सबसे अधिक 1 अरब 44 करोड़ 30 लाख जनसंख्या वाले देश होंगे।

गरीब देश आर्थिक दृष्टि से समृद्धि के जो सपने सँजोए हुए हैं और उनकी सरकारों द्वारा दिए गए जिन सुखद आश्वासनों के बलबूते पर वे जी रहे हैं, वे तो विश्व में आर्थिक वृद्धि की निरंतर घटती हुई दर से चकनाचूर हो जाएँगे। सन् 1950-60 में विश्व में वार्षिक आर्थिक वृद्धि की दर 4.9 प्रतिशत और प्रति व्यक्ति 3.1 थी, जो सन् 1990-93 के बीच क्रमशः 0.9 और 0.8 रह गई। यह कहा जा सकता है कि ये तो जागतिक आँकड़े हैं, भारत जैसे विकासशील देश में तो वार्षिक वृद्धि की दर ऊँची है। जितनी भी वृद्धि हो, उसका लाभ अंततोगत्वा धनी देशों और गरीब देशों में रहनेवाले सत्ता और सम्पत्ति को नियंत्रित करनेवाले मुट्ठी-भर लोगों को मिलता है। सन् 1950 और 1960 के बीच चोटी के बीस प्रतिशत धनी लोगों और सतह के बीस प्रतिशत गरीब लोगों की आमदनी के बीच 30 और 1 का अनुपात था, जो 1991 में बढ़कर 61 और 1 हो गया है। भारत में सातवीं योजना में गरीबी की रेखा के नीची रहनेवाले लोगों की संख्या 26 करोड़ थी, अब चालीस करोड़ के आसपास पहुँच गई है।

ये परिस्थितियाँ आर्थिक वृद्धिवाले विकास से भिन्न जिंदा रहने के लिए नई पद्धतियाँ अपनाने की चेतावनी दे रही हैं। इस चेतावनी को यह कहकर टालना मूर्खता होगा कि

आर्थिक वृद्धि वाले विकास का रास्ता छोड़ना भले ही धनी देशों के लिए अनिवार्य हो, लेकिन गरीब देश इसे त्याग नहीं सकते। गरीब देशों के लिए यह उनसे भी अधिक आवश्यक हो गया है, क्योंकि अब उनके जिंदा रहने के साधनों – जल, जंगल और जमीन पर पूरे वेग से आक्रमण हो रहा है।

उत्तर में हिमालय से लेकर दक्षिण और पूर्व में समुद्र तट की केवल एक सप्ताह (17 से 24 फरवरी) को यात्रा के दौरान मैंने इस युद्ध के क्षेत्र देखे हैं। टिहरी में भागीरथी की हत्या कर 42 वर्ग कि. मी. की समतल घाटी को डुबाकर और एक लाख लोगों को उजाड़कर 260.5 मीटर ऊँचा एशिया का सबसे ऊँचा बाँध बन रहा है – किसलिए ? बड़े उद्योगों, जो मुख्यतः निर्यात-प्रधान होते हैं और नगरों को रात को कुछ घंटों की बिजली, शत-प्रतिशत सिंचाईवाले पश्चिमी उ. प्र. को चीनी निर्यात के लिए गन्ने का क्षेत्र बढ़ाने और मौज-मजे के लिए आनेवाले पर्यटकों से दिल्ली के पाँचसितारा होटलों की बढ़ी हुई पानी की माँग से पैदा हुई पानी की कमी को पूरा करने के लिए, हैदराबाद के निकट मेडक जिले में तीन सौ एकड़ उपजाऊ भूमि पर अलकबीर का एक लाख बीस हजार पशुओं की हत्या की वार्षिक क्षमतावाला कत्लखाना स्थापित हुआ है। दक्षिण के धान के कटोरे तंजोर के समुद्र तट पर दस हजार हेक्टेयर धान की खेती को नष्ट करनेवाला प्राउन मछली के उत्पादन का उद्योग प्रारंभ हुआ है। मैं समुद्र के किनारे-किनारे पूर्व-उत्तर की ओर उड़ीसा पहुँचता हूँ, तो वहाँ भी प्राउन मछली पालने के लिए समुद्री जल-जीवन और तटीय वनों का विनाश हो रहा है। पुरी के समुद्र तट को पर्यटकों के लिए होटल बनाने के लिए नष्ट करने की योजना है। दिल्ली से घोषणा हुई है कि फिलीपींस के साथ प्रति वर्ष पंद्रह हजार टन भैंस का मांस और वियतनाम को भैंस निर्यात करने का समझौता हुआ है। पशु और पशु-उत्पादनों के मौजूदा निर्यात को तीन सौ करोड़ रुपए वार्षिक से बढ़ाकर दो हजार करोड़ करने का लक्ष्य निर्धारित किया गया है।

सब ही परियोजनाओं के पीछे प्रभावशाली राजनेताओं का, प्रायः इन क्षेत्रों के जन-प्रतिनिधियों का दबाव है। इस दबाव का परिणाम अंततोगत्वा मूक प्रकृति और उससे सीधा पोषण पानेवाली उसकी मूक बहुसंख्यक संतान के मांस का अंतिम लोथड़ा प्राप्त करने के सिवा और किसलिए हो सकता है ?

15

विकास पर फैसला सबसे गरीब का

दिल्ली में योजना आयोग आठवीं योजना को अंतिम रूप देने में व्यस्त था, योजनाकारों की कोशिश थी कि इस योजना में रोजगार को प्राथमिकता दी जाए। पच्चीस वर्ष पहले देश के सबसे गरीब जिले टिहरी गढ़वाल के लोगों ने सर्वदलीय विकास गोष्ठी कर जिले के विकास की एक सर्वसम्मत योजना बनाकर उत्तर प्रदेश राज्य सरकार और योजना आयोग को दी थी। उन्हीं दिनों आर्थिक मामलों की अनुसंधान परिषद द्वारा भारत के राज्यों और जिलों की प्रति व्यक्ति औसत आमदनी के संबंध में आँकड़े प्रकाशित किये गये थे, उनके अनुसार टिहरी गढ़वाल (उत्तरकाशी सहित) की प्रति व्यक्ति वार्षिक औसत आमदनी चौरासी रुपये (23 पैसे प्रति दिन) थी। उ. प्र. की प्रति व्यक्ति वार्षिक औसत आमदनी 178 रु. थी। टिहरी गढ़वाल 1803 तक गढ़वाल राज्य का, जिसमें चमोली, गढ़वाल, देहरादून, टिहरी और उत्तरकाशी के अलावा हरिद्वार और बिजनौर जिलों के कुछ भाग भी शामिल थे, अंग था। राज्य की राजधानी श्रीनगर से दूर होने के कारण यह अपेक्षाकृत पिछड़ा हुआ रहा। इसके बाद 130 वर्षों तक यहाँ भिन्न (रियासती शासन) व्यवस्था रही, जिसके फलस्वरूप टिहरी गढ़वाल से मिले हुए दो पड़ोसी जिलों, देहरादून की प्रति व्यक्ति वार्षिक औसत आमदनी 318 रु. और गढ़वाल की 192 रु. हो गई।

जिले की जनता का मुख्य व्यवसाय कृषि था। कुल कृषि योग्य भूमि 1,96,828 एकड़ थी, जिस पर 71,631 परिवार आश्रित थे। पिछले 25 वर्षों में परिवारों की संख्या में तो कम से कम डेढ़ गुनी वृद्धि हुई है लेकिन कृषि और उसमें भी सिंचित क्षेत्र में कोई वृद्धि नहीं हुई है। सिंचाई का क्षेत्र केवल बारह प्रतिशत है। दूसरी ओर बरसात में प्रति वर्ष लाखों टन उपजाऊ मिट्टी बहकर नदियों में चली जाती है और यहाँ के किसानों की मेहनत गंगा और यमुना के मैदानों को समृद्ध बनाती है। यह सुझाव दिया गया था कि जंगली जानवरों से खेती की रक्षा के लिए घेर-बाड़ बाँधने हेतु विशेष व्यवस्था की जाए और सिंचाई का क्षेत्र बढ़ाने के लिए गूलों को पक्का करने, नई छोटी नहरों व हौजों तथा जलाशयों का निर्माण किया जाए। आगे कहा गया था कि जिले में भागीरथी, यमुना, मिलंगना और अलकनंदा जैसी बड़ी नदियों का सिंचाई के लिए कोई उपयोग नहीं होता है। इन नदियों की घाटियों पर समतल जमीनें हैं। इनकी सिंचाई के लिए पंपिंग सैट लगाये जाने चाहिए।

प्रत्येक विकास क्षेत्र में कम से कम 1000 एकड़ के फलोद्यान क्षेत्र चौथी पंचवर्षीय योजना में स्थापित किये जाएँ। इसके लिए जंगलों की सीमा में खाली जमीनें उपलब्ध की जाएँ। जड़ीबूटियों के उत्पादन तथा वनौषधियों के लगने और रोपने की दिशा में भी कार्य होना चाहिए। जिले के लोग पर्वतीय क्षेत्रों के विकास में विद्युत शक्ति के महत्तव को जानते थे, इसलिए उन्होंने टिहरी गढ़वाल के विकास के कार्यक्रम में सबसे अधिक प्राथमिकता छोटी पनबिजली योजनाओं को देते हुए कहा था, "बिजली को यहाँ केवल व्यापार दृष्टि से लाभकारी योजना के रूप में ही नहीं देखा जाना चाहिए, बल्कि इसे यहाँ पर जीवन की आवश्यकता के रूप में जाना जाना चाहिए। प्रत्येक गाँव में जहाँ पानी का स्रोत है, वहाँ पर पनबिजली पैदा की जा सकती है। जलकूर, बालगंगा, भिलंगना, हेंवल लस्तर और छोटी नदियों पर तो कई गाँवों को विद्युत शक्ति देनेवाली योजनाएँ कार्यांवित की जा सकती हैं।" बिजली योजनाओं के क्रियान्वयन के साथ-साथ यहाँ पर उनके प्रशिक्षण का प्रबंध भी होना चाहिए। पहाड़ों में यातायात के साधनों का अभाव सबसे बड़ी समस्या है। इसके लिए मोटर सड़कों के निर्माण पर सरकार का ध्यान केंद्रित रहा है और राजनीतिक पक्षों के लिए यह वोट प्राप्ति का सबसे सुगम साधन रहा है, इसलिए आज ऐसा माहौल है कि मोटर सड़कों का निर्माण पहाड़ों के विकास का पर्याय बन चुका है। मोटर सड़कों ने भूक्षरण और भूस्खलन की गति को तीव्र करने के साथ-साथ, जंगल-जमीन और जल – तीनों का ह्रास किया है। सन् 1965 की गोष्ठी ने सुझाव दिया था कि यातायात को सुलभ बनाने के लिए रज्जु मार्गों का निर्माण भी यहाँ पर आवश्यक है।

पच्चीस वर्ष बाद

पच्चीस वर्ष बाद पुनः 22 दिसम्बर, 1990 को टिहरी गढ़वाल के जिला परिषद के सदस्य, सामाजिक कार्यकर्ता और विभिन्न क्षेत्रों में कार्य करनेवाले पचास से अधिक प्रवुद्ध लोग पिछली चार योजनाओं में इस जिले की प्रगति की समीक्षा करने के लिए बैठे। उन्होंने पाया स्कूल, अस्पताल और सड़कों के निर्माण की दिशा में तो कार्य हुआ है, लेकिन आर्थिक विकास की दिशा में कोई उल्लेखनीय प्रगति नहीं हुई है। लोग सवाल पूछते हैं, स्कूल-कॉलेज में लड़के पढ़ तो गए पर रोजगार कहाँ है ? अस्पताल से दवा की परची मिलती है, लेकिन खरीदने के लिए पैसा नहीं है। जब तक सड़क बनती रहती है, उस समय कुछ लोगों को रोजगार मिलता है, लेकिन सड़क बनने के बाद बाजार गाँव में पहुँच जाता है और उसके बाद फिर पैसा ही पैसा चाहिए। देश के पिछड़े हुए क्षेत्रों में उद्योग स्थापित करने के लिए कई प्रकार की सुविधाएँ दी गई हैं। इन सुविधाओं ने देश के संपन्न क्षेत्रों से उद्योगपतियों को आकर्षित किया। टिहरी गढ़वाल की सीमा में प्रवेश करते ही ऋषिकेश से मिले हुए ढालूवाला गाँव में लोहे की छड़ें बनाने जैसी कई इकाइयाँ लगी हैं। इन उद्योगों के लिए स्थानीय लोगों की जमीन गई, पानी प्रदूषित हो गया, लेकिन रोजगार उनको यहाँ भी नहीं मिला। सरकारी खाते में यह टिहरी गढ़वाल के विकास के खाते में दर्ज हो गया

है। संभवतः प्रति व्यक्ति आय में इससे बढ़ोतरी भी हो गई हो।

इसी प्रकार इस जिले के हृदय-स्थल टिहरी में देश की बहुचर्चित महत्त्वाकांक्षी टिहरी बाँध परियोजना बन रही है। इस पर 51 अरब रुपये अब तक के तखमीनों के अनुसार खर्च होंगे, लेकिन स्थानीय लोगों के लिए यह 'आँसुओं का बाँध' साबित हुआ है। छियासी हजार लोगों को अपने घर-द्वार छोड़ने होंगे। जिले की सर्वाधिक उपजाऊ भूमि, जो भागीरथी और मिलंगना की घाटी में है, डूब जाएगी। कई गाँवों की दूरी सदा-सदा के लिए रेल के अंतिम स्टेशन से बढ़ जाएगी, फलतः नमक जैसी आवश्यक वस्तुएँ बहुत महँगी हो जाएँगी। इस बाँध से बननेवाली 2400 मेगावाट बिजली उत्तरी ग्रिड में जोड़ने के लिए मेरठ पहुँचाई जाएगी। 300 क्यूसेक्स पानी दिल्ली की महानगरी को और शेष सघन सिंचाईवाले पश्चिमी उत्तर प्रदेश को व्यापारिक फसलें उगाने के लिए पहुँचाया जाएगा। टिहरी गढ़वाल के कई गाँवों में पीने के पानी का अभाव है, बिजली का भी यही हाल है और सिंचाई का क्षेत्र 12 प्रतिशत से आगे नहीं बढ़ता। देश के पिछड़े हुए पर्वतीय और आदिवासी क्षेत्र विकास की जिस त्रासदी को टिहरी गढ़वाल झेल रहा है, वह इसका उदाहरण है कि आजादी के लगभग आधी शताब्दी के हमारे लोकतंत्र की क्या उपलब्धि रही है ? गोरे लोगों ने नई दुनिया में पहुँचने पर वहाँ के लोगों के साथ जो सलूक किया था, वही आज हमारे देश में विकास के नाम पर इन क्षेत्रों के साथ हो रहा है, क्योंकि उनके पास सुरक्षित जंगल, जमीन और जल के प्राकृतिक संसाधनों की लूट और निर्यात के बिना आभिजात्य वर्ग की विलासिता के जीवन की आवश्यकताओं को पूरा नहीं किया जा सकता। टिहरी की विकास गोष्ठी ने अपना मंतव्य बहुत ही सादे शब्दों में इस प्रकार व्यक्त किया है, "यद्यपि इस जिले में ढालूवाला में औद्योगिक इकाइयाँ कायम हुई हैं, और अरबों रुपये की टिहरी बाँध परियोजना का निर्माण चल रहा है, लेकिन इस जिले के लिए ये अर्थहीन हैं। इनसे कई जटिल समस्याएँ पैदा हो गई हैं।

हमारा यह दृढ़ विश्वास है कि विकास का आधार प्रकृतिप्रदत्त जंगल, जमीन और जल संसाधनों पर स्थानीय समुदायों का स्वत्व होना चाहिए और इनके उपयोग में सर्वोच्च प्राथमिकता स्थानीय समुदायों को आर्थिक दृष्टि से स्वावलंबी और संपन्न बनाने के लिए होनी चाहिए। इन पर आधारित स्वतः रोजगार योजना ही स्थायी और व्यापक रोजगार की योजना हो सकती है। यहाँ के वन और कृषि भूमि अत्यधिक दोहन और गलत उपयोग के कारण अलाभकारी हो चुके हैं। विकास की एकमात्र आशा यहाँ के जल-संसाधनों से है। अतः यहाँ पर छोटे-मोटे जलाशयों और तालाबों, इनसे व नदी-नालों के प्रवाह से छोटी-छोटी पनबिजली योजनाओं का निर्माण, पम्पिंग तथा अन्य तरीकों से पानी को ऊँचे से ऊँचे स्थानों तक पहुँचाने के कार्यक्रम को सर्वोच्च प्राथमिकता दी जानी चाहिए। इससे यहाँ एक ओर तो हाड़तोड़ मेहनत से, जिससे सबसे अधिक महिलाएँ पीड़ित हैं, लोगों को मुक्ति मिलेगी, दूसरी ओर यहाँ की सारी जमीन पर, जिसमें वन, बंजर व ढालदार कृषि भूमि शामिल है, भूमि और जल का संरक्षण देनेवाले पेड़-पौधे, जड़ी-बूटियाँ और वनस्पतियाँ उगाई जा

सकेंगी, जिनसे उत्पादन बढ़ेगा। वृक्षारोपण की सब योजनाओं में खाद्य, चारा और छोटे उद्योगों के लिए कच्चा माल देनेवाले पेड़ों को ही लगाया जाना चाहिए और सभी योजनाओं का कार्यान्वयन नौकरशाही के बजाय ग्राम समुदायों से कराया जाना चाहिए। विकास-योजनाओं का अंतिम लक्ष्य जनता में स्वावलंबन, आत्मविश्वास व आत्मसम्मान पैदा करना होना चाहिए।

16

आठवीं योजना में पर्यावरण-संरक्षण का सवाल

25 जून, 1990 को योजना आयोग ने देश के विभिन्न भागों में पर्यावरण की रक्षा के लिए कार्यरत लगभग दो दर्जन सक्रिय आंदोलनकारियों और वैज्ञानिकों को परामर्श के लिए बुलाया। इसमें केरल शास्त्र साहित्य परिषद के प्रो. एम.के. प्रसाद, गोवा के पत्रकार क्लाउड अलवारिश, 'नर्मदा बचाओ' आंदोलन की मेधा पाटेकर, अरावली बचाओ आंदोलन के किशोर संत, विज्ञान और पर्यावरण केंद्र के अनिल अग्रवाल, कल्पवृक्ष के अशीष कोठारी, भारतीय विदेश सेवा के अवकाश-प्राप्त अधिकारी सुनील कुमार राय, त्रिवेंद्रम के धरती विज्ञान केंद्र के निदेशक डॉ. सुब्रत सिन्हा आदि मुख्य थे। योजना आयोग की ओर से प्रो. रजनी कोठारी, लक्ष्मीचंद जैन, जी.डी. सेठी, अरुण बोस, टी.एन. शेषन और सलाहकार प्रो. शेखर सिंह और श्रीमती बड़ठाकुर मुख्य थे।

आयोग द्वारा चर्चा के लिए तैयार किए गए आधारपत्र में मानव जाति के समक्ष तापमान बढ़ने, ओजोन की छतरी में छेद, वन-विनाश, हवा, मिट्टी और पानी के प्रदूषण और इनके फलस्वरूप मानव त्रासदी और चिंता का जिक्र किया गया था। इस परिप्रेक्ष्य में यह स्वीकार किया गया था कि संसाधनों के केंद्रीयकरण और उस पर राज्य के स्वामित्व के कारण, सामान्य लोगों के जीवन के आधार, प्राकृतिक संसाधन उनकी पहुँच के बाहर हो गए हैं। इनका उपयोग नगरों के विलासितापूर्ण जीवन की आवश्यकताओं की पूर्ति के लिए हो रहा है। अतः आज सरकार के सामने इस प्रक्रिया को उलटना पहली चुनौती है जिससे बढ़ती हुई जनसंख्या की अनिवार्य आवश्यकताओं की पूर्ति इस प्रकार हो सके कि उसका भावी पीढ़ियों पर प्रतिकूल प्रभाव न पड़े।

भारत का पर्यावरण

भारत के पर्यावरण की परिस्थिति की चर्चा करते हुए इस पत्र में कहा गया कि औद्योगिक काष्ठ का वार्षिक उपयोग 2 करोड़ 40 लाख घनमीटर है, लेकिन वनों की वार्षिक वृद्धि केवल 1 करोड़ 20 लाख घनमीटर है। शेष की पूर्ति वनों से पुनः उत्पादन क्षमता से अधिक लेकर ह्रास किया जा रहा है। पशुओं के लिए 93 करोड़ 20 लाख टन हरा और 78 करोड़ टन सूखा चारा प्रतिवर्ष चाहिए। इसमें केवल 25 करोड़ टन हरा और

41 करोड़ 40 लाख टन सूखा चारा ही उपलब्ध है। शेष की पूर्ति वनों में चराई से होती है, जलाऊ लकड़ी की खपत 23 करोड़ 50 लाख घनमीटर वार्षिक है जबकि वार्षिक उत्पादन 9 करोड़ टन ही है। विश्व में भारत में प्रति व्यक्ति सबसे कम – 0.11 हेक्टेयर वन-क्षेत्र है। थाईलैंड में 0.50 हेक्टेयर, लेकिन थाईलैंड ने पिछले वर्ष से वनों की व्यापारिक कटाई पर पाबंदी लगा दी है, भारत में यह जोरों से जारी है।

प्रति वर्ष 600 करोड़ टन उपजाऊ मिट्टी बहकर समुद्र में चली जाती है, इसमें 50 लाख टन उर्वरक भी नष्ट हो जाते हैं। इसका मूल्य 2500 करोड़ रुपये है। भारत की एक-तिहाई भूमि (10 करोड़ हेक्टेयर से अधिक) भूक्षरण, लवणीकरण और दलदलीपन से ग्रस्त है। तीन-चौथाई किसानों के पास प्रति परिवार 2 हेक्टेयर से कम असिंचित भूमि है, जो स्वावलम्बन की दृष्टि से अपर्याप्त है। बाँध जलाशयों में अपेक्षित से अधिक गाद भर रही है, जिस्पें उनकी आयु कम हो रही है। 1960 के बाद बाढ़-प्र ावित क्षेत्र 1 करोड़ 90 लाख हक्टेयर से बढ़कर 5 करोड़ 90 लाख हेक्टेयर (तिगुना) हो गया है। सन् 1983 और 1986 के बीच भारत के आधे से अधिक जिले बाढ़ और सूखे के प्रकोप से पीड़ित रहे हैं।

सत्तर प्रतिशत से अधिक सतही जल प्रदूषित है और बड़ी-बड़ी नदियों के बहुत बड़े क्षेत्र का पानी पीने के योग्य तो दूर की बात रही, नहाने के योग्य भी नहीं रह गया है।

भारतीय नगर वायु प्रदूषण की दृष्टि से विश्व में सबसे अधिक प्रदूषणवाले नगरों की श्रेणी में आते हैं। कोई भी बड़ा भारतीय नगर रासायनिक और आणविक प्रदूषण के प्रकोप से मुक्त नहीं है। दिल्ली और बंबई में 1000 से अधिक प्रदूषण फैलानेवाली इकाइयों का पता चला है।

देहाती क्षेत्रों में करोड़ों लोगों के लिए जिंदा रहने मात्र के लिए पानी, ईंधन, चारा और दूसरा कच्चा माल प्राप्त करने में कठिनाइयाँ निरंतर बढ़ती जा रही हैं।

आधारपत्र में चार मुख्य प्राथमिकताएँ दी गई हैं। इसमें सर्वाधिक प्राथमिकता लोगों की अपने जिंदा रहने के लिए आवश्यक प्राकृतिक संसाधनों तक न्यायपूर्ण और निरंतर पहुँच को दी गई है।

दूसरी प्राथमिकता प्राकृतिक संसाधनों के सरकारी नियंत्रण के विकेंद्रीकरण की सुझाई गई है, जिससे लोगों के लिए अपने ही संसाधनों के बेगाना हो जाने की मौजूदा लहर की दिशा को मोड़ा जा सके। तीसरी प्राथमिकता अन्यायपूर्ण और निरंतर कायम न रहनेवाले विकास के ढाँचे में परिवर्तन की है। इसमें संसाधनों की फिजूलखर्ची और उपभोग निहित है। चौथी प्राथमिकता प्रकृति को बचाने और पुनर्जीवित करने के लिए समन्वित सरकारी प्रयासों की आवश्यकता की है।

व्यवहार और आदर्श की दूरियाँ

जहाँ तक इस आधारपत्र में की गई स्वीकारोक्तियाँ और सुझाव हैं, इसमें कोई संदेह नहीं

कि यह पर्यावरण की चिंता करनेवालों का बहुत हद तक समाधान कर सकती हैं, लेकिन सभी क्षेत्रों में हमारी मुख्य समस्या तो आदर्श और व्यवहार की दूरी है। हमारी सरकारें और उनका संचालन करनेवाले राजनेता आदर्शों के गगन में विहार करते हैं, लेकिन कदम-कदम पर वे व्यवहार के पाताल में धड़ाम से गिरते हुए देखे जाते हैं। वनों की तबाही पर घड़ियाली आँसू तो सब ही बहाते हैं, लेकिन शायद ही भारत का कोई ऐसा मुख्यमंत्री हो, जिसने वन-संरक्षण अधिनियम को समाप्त करने या लचीला बनाने की माँग न की हो। वोट-प्राप्ति की होड़ में इस कानून को लागू होने के बाद नदी-घाटी परियोजनाओं के लिए आनन-फानन में दी गई स्वीकृतियों की बात तो छोड़ दीजिए, केरल और मध्य प्रदेश में राजनीतिक नेताओं के प्रोत्साहन पर जंगल काटकर वन भूमि पर किए गए अवैध अतिक्रमण के ऐसे उदाहरण हैं, जहाँ भूमि का क्षेत्रफल सैकड़ों नहीं, हजारों हेक्टेयर है। निजी पेड़ों को काटने की स्वीकृति देने में कई वन मंत्री आपस में होड़ कर रहे हैं। हि. प्र. के हमीरपुर जिले में खैर के हजारों पेड़ों की कटाई के मामले को दबाया जा रहा है, तो जम्मू-कश्मीर के डोडा जिले में हरे पेड़ों की कटाई केवल इसलिए चालू कराई गई थी कि एक केंद्रीय नेता के ठेकेदार पिता को वन निगम की ओर से ठेके मिल सके।

भारत का वन-प्रबंध व्यापार और पुलिस-प्रबंध के दो पाप ग्रहों से ग्रस्त है। अंग्रेजों ने उन्नीसवीं सदी के प्रारंभ में अपने व्यापारिक हितों – जहाज और रेलवे लाइनें बिछाने – के लिए वनों को ग्राम समुदायों से छीनकर अपने हाथों में ले लिया था। इन सरकारी वनों को सुरक्षित (रिजर्व) वन की संज्ञा दी गई। सरकार के हाथों में वनों के आ जाने से उनके प्रबंध में नगरों के बाहुल्यवाले समाज की विलासिता की वस्तुओं और व्यापारिक कच्चे माल के उत्पादन को प्राथमिकता दी गई, उधर जनसंख्या की वृद्धि के कारण खेती के लिए भी वनों का विनाश हुआ। आज वनों के राहु, केतु और शनि – लुग्दी (पल्प), ऊँचे दर्जे की इमारती लकड़ी (प्लाई वुड) और धान की खेती (पैडी) है। मिश्रित वन, जिनसे पारिस्थितिकीय संतुलन बना रहता था और वनवासी समुदायों की अनिवार्य दैनिक आवश्यकताओं की पूर्ति होती थी, एकल प्रजाति के पेड़ों के खेतों में बदल गए हैं। उनके निकट रहनेवाले लोग वनों के दुश्मन और पेड़ों के चोर बनने के लिए मजबूर हो गए हैं। कई वन-क्षेत्र तो वनवासियों को पेड़ काटकर खेती करने के लिए प्रोत्साहन देनेवाले आतंकवादियों के गढ़ बन गए हैं। वे वन-विनाश का औचित्य सिद्ध करने के लिए ताल ठोककर कहते हैं कि सरकार शहरों के लिए बिजली देने के लिए इन वनों को डुबाकर या बड़े कारखानेदारों को कच्चा माल देकर नष्ट करेगी तो हमारा क्या अपराध है कि हम अपना पेट पाल रहे हैं। केरल की वामपंथी सरकार एक निजी रेयन के कारखाने को बाँस से टोकरी व चटाई बनानेवाले मजदूरों के मुकाबले केवल दसवाँ भाग मूल्य लेकर बाँस देती है। रेयन का कारखाना तीन हजार मजदूरों को रोजगार देता है और एक ऐसी स्थिति आएगी कि बाँस रहेगा ही नहीं, जबकि इससे 30 हजार गरीब टोकरी व चटाई बुननेवाले मजदूरों को हमेशा के लिए रोजगार मिल सकता है।

इस परिप्रेक्ष्य में यह आवश्यक है कि संसाधनों के स्वामित्व और उपयोग के संबंध में एक स्पष्ट नीति हो। क्या हमारी योजना का लक्ष्य केंद्रित उद्योगों और व्यवस्था को सम्पन्न कर उस प्रगति को और आगे बढ़ाना है, जो प्रकृति के भंडारों को खाली कर आर्थिक संपन्नता की मृग-मरीचिका के पीछे दौड़ती रही है या जन-जन की मूलभूत आवश्यकताओं की पूर्ति के लिए स्थानीय संसाधनों और श्रमशक्ति का उपयोग करना है, जो चंद लोगों के स्वर्ग के बजाय इस धरती को जन-जन के लिए सुख, शांति और संतोष का स्थान बना सके?

कृषि-प्रधान भारत को ही नहीं, सभी देशों के लिए यह आवश्यक है कि वे अपनी बुनियादी पूँजियों – जल, जमीन और जंगल – की सुरक्षा की चिंता करें। सततः विकास का आधार यही हो सकते हैं, न कि धातु और खनिज संपदाएँ, जिनके ऊपर आज की भोगवादी सभ्यता टिकी हुई है। भले ही समुद्र की गहराइयों से हम खनिज तेल निकालकर मालामाल बन जाएँ, लेकिन तेल से सागर को प्रदूषित करके वहाँ से बननेवाले बादल तो समाप्त हो गए। वर्षा कम हो गई। अब तो हमारे पास वर्षा लानेवाला समुद्र केवल बंगाल की खाड़ी ही है। अवश्य ही कृत्रिम ऊर्जा से भूमिगत जल को खींचकर अंगूर और गन्ना पैदा किया जा सकता है, लेकिन कितने समय तक? क्योंकि पुनः संचारित न हो सकने के कारण भूमिगत जल का स्तर तेजी से गिरता जा रहा है।

जल-उपयोग के संबंध में एक बुनियादी सवाल यह है कि क्या भागीरथी का पानी 300 कि.मी. दूर दिल्ली तक पहुँचाने व केवल छह घंटे प्रति दिन 2400 मेगावाट बिजली देने के लिए 42 वर्ग कि. मी. धरती को डुबाकर अधिक से अधिक सौ वर्ष जीनेवाला टिहरी बाँध बनाया जाए या भागीरथी के पानी को केवल इसे 300 मीटर ऊपर उठाकर पहाड़ों की हरियाली को सघन वृक्षारोपण के द्वारा लौटाया जाए? इससे लोगों को घर-द्वार छोड़कर विस्थापित करने के बजाय अपने ही परिवेश में समृद्ध बनाया जा सकेगा, नदी के प्रवाह को अधिक नियमित किया जा सकेगा, जिससे सीधे प्रवाह से विद्युत-उत्पादन की क्षमता बढ़ेगी। ईंधन के लिए लकड़ी मिलेगी, ये दोनों निरंतर उपलब्ध होनेवाली नवीकृत ऊर्जा के स्रोत हैं।

विदेशी मुद्रा कमाने की होड़

इतिहास साक्षी है कि जमीन के दुरुपयोग से किस तरह बड़े-बड़े साम्राज्य ध्वस्त हो गए। दुनिया के गरीब देश आज विदेशी मुद्रा कमाने की होड़ में अपनी भूमि का उपयोग उन चीजों को पैदा करने के लिए कर रहे हैं, जो अधिक विदेशी मुद्रा ला सके। यह मिट्टी के उपजाऊपन का निर्यात है। भूमि का पहला उपयोग स्वयं मिट्टी और पानी के संरक्षण के लिए इस प्रकार करना चाहिए, जिससे प्राणवायु, पानी, खाद्य, आवास और वस्त्र की अनिवार्य आवश्यकताओं की पूर्ति आसपास के क्षेत्र से हो सके। हरित क्रांति में अपनाई गई रासायनिक खाद, बीज, कीटनाशक और पानी की मदद से पैदावार में वृद्धि करने के

सपने पूरी दुनिया में चकनाचूर हो गए हैं। सन् 1950 से 1984 के बीच अन्न के उत्पादन में 2.6 (दो दशमलव 6 गुना) वृद्धि हुई थी, लेकिन सन् 1989 में सन् 1984 के मुकाबले केवल एक प्रतिशत की ही वृद्धि हुई। बढ़ती हुई जनसंख्या की आवश्यकताओं की पूर्ति संचित भंडारों को खाली कर हुई और फिर भी कुछ लोग भुखमरी के शिकार हुए।

योजना आयोग की इस बैठक में साठ वर्ष पूर्व गाँधीजी द्वारा अर्थशास्त्री कुमारप्पा से ग्राम नियोजन के लिए कराए गए खेड़ा (गुजरात) के मतर, तालुका के आर्थिक सर्वेक्षण की रिपोर्ट भी वितरित की गई। इससे ऐसा लगा कि क्या योजना आयोग पिछली सात योजनाओं की असफलताओं के बाद अब गाँधी को याद करने लगा है? गाँधी की यह विशेषता थी कि वह जटिल समस्याओं के सरल समाधान प्रस्तुत करते थे, जिसे हर कोई अपना सके। भूमि उपयोग के सिद्धांत को वे सबसे अधिक प्राथमिकता देते थे। इसलिए उन्होंने सन् 1926 में वृक्ष-खेती का सुझाव दिया था, क्योंकि इसके लिए कम मेहनत और कम पानी चाहिए। अब तो वैज्ञानिक इस निष्कर्ष पर पहुँचे हैं कि इससे अन्न की खेती के मुकाबले पाँच से दस गुना अधिक पैदावार होगी। पकाने के लिए ऊर्जा की आवश्यकता नहीं होगी। भूक्षरण, लवणीकरण और दलदलपन की समस्याएँ स्वतः ही हल हो जाएँगी। गाँधी एक कदम और आगे गए थे। वृक्षों की पैदावार का आहार सात्विक होगा और लोगों की प्रवृत्ति अहिंसा की ओर होगी। आज की परिस्थिति में भारत की करोड़ों हेक्टेयर भूमि के क्षय और पानी की निरंतर बढ़ती हुई कमी को रोकने का इसके सिवा कोई दूसरा उपाय नहीं।

भारत को सही विकास नीति की ओर बढ़ने में सबसे बड़ी रुकावट पिछले चालीस वर्षों से चली आ रही उद्योग और ऊर्जा नीतियाँ हैं। आज राजनीतिक और सीमित मात्रा में आर्थिक क्षेत्र में विकेंद्रीकरण की बातें तो होती हैं, लेकिन भारत के भाग्यविधाता राजनेताओं की सामान्य लोगों की व्यवहार बुद्धि पर कम भरोसा है। इसके विपरीत गाँधी को उस पर अटूट श्रद्धा थी, यह कहा जाता है कि वे अनपढ़-गँवारू लोग गलतियाँ कर सबकुछ गुड़-गोबर कर देंगे, इसलिए उनके हाथों में बड़े अधिकार देना खतरे से खाली नहीं। ठीक है वे स्कूल, अस्पताल, सड़कें आदि देख लें, पर लक्ष्मीचंद जैन मानते हैं कि गाँव स्तर पर गलत निर्णय होंगे तो एक ही गाँव पर उसका असर पड़ेगा, पर जब केन्द्र स्तर पर गलत निर्णय होते हैं तो उसका असर तो सारे देश पर पड़ेगा।

औद्योगिकीकरण के लिए अंध श्रद्धा ने बहुराष्ट्रीय और बड़ी-बड़ी राष्ट्रीय कम्पनियों को भारत के गरीब लोगों के सिर पर बिठा दिया है। वे जोंक की तरह संसाधनों और लोगों की कमाई का शोषण कर रहे हैं। गाँव के उद्योग उजड़ गए हैं। घर-घर में बाजार घुस गया है। केंद्रित उत्पादन पद्धतियाँ अनुत्पादक लोगों – मैनेजर, बैंकर, ब्रोकर (दलाल), विज्ञापनकर्ता और भारवाहकों – की एक फौज खड़ी करती है, जिसका बोझ प्रकृति और गरीब श्रमिकों – उत्पादकों व उपभोक्ताओं – पर पड़ता है। जब तक अनिवार्य आवश्यकता की वस्तुओं का विकेंद्रित उत्पादन नहीं होता, न तो शोषण से ही और न प्रदूषण से मुक्ति

मिल सकती है। सबको रोजगार देना तो दूर का सपना रह जाएगा।

केंद्रित उत्पादन पद्धति के साथ ही केंद्रित ऊर्जा भी जुड़ी हुई है। भारत जैसे जनसंख्या प्रधान देश में ऊर्जा की प्राथमिकताएँ आज की परमाणु ताप व बड़े बाँध बनाकर जल-विद्युत प्राप्त करने के विपरीत मानव, पशु, बायोगैस, सौर, पवन, समुद्री लहर, तप्त जल और नदी के प्रवाह से जल-विद्युत होनी चाहिए। उत्पादन बढ़ाने और काम का उबाऊपन कम करने की क्षमता रखनेवाले ऐसे यंत्रों का आविष्कार व विकास होना चाहिए, जिनमें उपरोक्त ऊर्जा स्रोतों का उपयोग हो सके। क्योंकि आठवीं योजना में पुरानी लीक से हटकर एक नई दिशा की ओर बढ़ने के प्रयास की घोषणा की जा रही है, इसलिए उसके लक्ष्य स्पष्ट होने चाहिए। कहीं कई प्रकार के विचारों का जोड़-तोड़ कर बननेवाली यह योजना चर्चा के एक सहभागी अनुसार 'ऊँट' (आसमान शरीर रचनावाला जानवर) न बन जाए।

17

हम संस्कृति में नहीं, विकृति में विकसित हो रहे हैं

संस्कारित होना ही विकास है। भारतीय संस्कृति में ऐसे ही विकास को संस्कृति का पर्याय माना गया है। परंतु भारतीय गणतंत्र में संस्कार नहीं अपितु भोग-लिप्सा के लिए बलात्कार की प्रवृत्ति बढ़ी है। हम संस्कृति में नहीं, विकृति में विकसित हो रहे हैं। इसी का परिणाम उग्रवाद जैसी समस्याओं का उभरना है।

भारत सरकार ने भारतीय संस्कृति में निहित अपरिग्रह और त्यागपूर्ण जीवन-मूल्यों की उपेक्षा की है। इस प्रवृत्ति के फलस्वरूप जो योजनाएँ बन रही हैं, वे समस्याओं का समाधान नहीं कर पा रही हैं। उत्तर प्रदेश में 2700 योजनाओं में से 2300 योजनाएँ जलस्रोत सूखने के कारण असफल हो गई हैं। बाढ़ से प्रभावित होनेवाली भूमि 2 करोड़ हेक्टेयर से बढ़कर 4 करोड़ हेक्टेयर हो गई है और इसके अलावा $2^1/_2$ करोड़ हेक्टेयर भूमि के लवणीकरण की आशंका है।

इस समस्या का समाधान केवल जनजागरण और जनसंगठन में ही है। सरकार पर निर्भर नहीं रहना चाहिए क्योंकि जनता ही वास्तविक शक्ति है। अगर हम सरकार का नियंत्रण आमंत्रित करेंगे तो यह समाज की शक्ति को खत्म करनेवाला सिद्ध होगा। सरकार पर जनता का नियंत्रण रहना चाहिए।

प्रयोगकर्ताओं का अभाव

दुर्भाग्य से हमारे देश में इस समय सेवा के नये और उपेक्षित क्षेत्रों में स्वतंत्र प्रयोगकर्ताओं का अभाव हो रहा है। रचनात्मक कार्यक्रम के पीछे समाज-परिवर्तन की क्रांतिकारी दृष्टि लुप्त हो गई है और कई कार्यक्रम केवल कर्मकांड मात्र रह गए हैं। इनको चलानेवाली संस्थाएँ स्वयं में एक छोटी-मोटी सरकार बनती जा रही हैं। इससे उनकी गतिशीलता समाप्त हो रही है। उनकी बुनियाद जिस आदर्शवाद के ऊपर खड़ी हुई थी, प्रभाव नेतृत्व के अभाव में, वह कहीं दिखाई नहीं देता। यद्यपि सरकार इनको छोटी-मोटी योजनाओं के लिए धन देकर मदद दे रही है, लेकिन इस मदद से भौतिक लाभ भले ही हो रहा हो, सरकार और संस्थाएँ दोनों की ही अपूरणीय क्षति हो रही है। आज संस्थाओं की स्थापना के

पीछे समाजसेवा का उद्देश्य गौण और सरकार से अनुदान प्राप्त करने का लक्ष्य महत्त्वपूर्ण बन गया है। फलतः सरकार से कार्य करनेवाले सत्ता नेताओं को सही रास्ता ढूँढ़ने में स्वतंत्र कार्यकर्ताओं के प्रभाव नेतृत्व से जो तटस्थ दृष्टि मिलनी चाहिए थी, वह अब नहीं मिलती और संस्थाओं में रहकर सेवा, श्रम और स्वाध्याय की साधना द्वारा कार्यकर्ताओं का जो गुण विकास होता था उसका सिलसिला टूट गया है।

गाँधीजी ने हमारे देश में प्रभाव और सत्ता नेतृत्व की पुरानी परंपरा को सदियों के बाद पुनः जीवित किया था। उनसे पहले तो संसार छोड़कर जो मोक्ष प्राप्त करना चाहते थे, वे समाज की ओर पीठ कर देते थे। वे आद्य शंकराचार्य के 'ब्रह्म सत्यं जगद मिथ्या' पर अक्षरशः अमल करते थे। गाँधीजी ने मोक्ष की कामना करनेवालों को समाजाभिमुख बनाकर 'सत्यं ब्रह्म जगदसेव्यं' का मंत्र दिया। रचानात्मक कार्यकर्ताओं की पिछली पीढ़ी की प्रेरणा का स्रोत यही मंत्र रहा है। इसकी सिद्धि करके ही रहे-सहे कार्यकर्ता भावी पीढ़ी के लिए बीज बन सकते हैं।

सांस्कृतिक मान्यता

चौदह वर्ष पहले जब चिपको आंदोलन की शुरुआत हुई थी, तो हमें भी यह कल्पना नहीं थी कि इतनी जल्दी इस आंदोलन का विश्वरूप प्रकट होगा। किंतु इसका श्रेय भारत की उस महान संस्कृति को है जिसका संदेश आज भी हमारे हृदयों में गूँज रहा है। इस संस्कृति की मान्यता है :

1. प्रकृति में सर्वत्र जीवन है। मनुष्य, पशु-पक्षी, पेड़-पौधे, नदी-पहाड़, सबमें जीवन है। 2. जीवन के प्रति पूजा की भावना और 3. संयम की प्रतिष्ठा। अतः यह स्वाभाविक ही था कि भारत में ऐसे आंदोलन का जन्म होता, जो जल और वायु-प्रदूषण तथा भूक्षरण की विभीषिका से त्रस्त मानव-जाति के त्राण के लिए यह घोषणा करता –

"क्या हैं जंगल के उपकार ?
मिट्टी, पानी और बयार !
मिट्टी, पानी और बयार,
जिंदा रहने के आधार !"

यह कोई नया आविष्कार नहीं है, बल्कि भारतीय पुनः जागरण की कड़ी का एक अंग है। पिछली शताब्दी के चौथे दशक में राजा राममोहन राय से प्रारंभ हुए पुनर्जागरण के आंदोलन को गाँधीजी ने शिखर तक पहुँचाया। पश्चिम की भोगवादी सभ्यता से पैदा होनेवाली युद्ध, प्रदूषण और गरीबी की परिस्थिति को गांधीजी ने शताब्दी के प्रारंभ में ही अपनी दूरदृष्टि से देख लिया था। 'हिंद स्वराज' में उन्होंने भारत को इसका अंधानुकरण न करने की चेतावनी दे दी थी। पश्चिम की भोगवादी सभ्यता ने बाहुल्य को ही विकास माना। इस विकास की अंधी दौड़ में एक ओर तो प्रकृति के साथ बलात्कार हुआ और दूसरी

ओर प्रदूषण के महादैत्य का जन्म हुआ। इस विकास को जिंदा रखने के लिए इसके शिखर पर पहुँचे हुए देशों में सबसे बड़ा व्यवसाय युद्ध बन गया है। वे अपना वर्चस्व कायम रखने के लिए सारी दुनिया में युद्ध का मनोविज्ञान बनाए हुए हैं। उधर गरीब देश इस विकास की मृगतृष्णा का पीछा करते हुए मुहताज और विपन्न बन रहे हैं। विदेशी मुद्रा उनके लिए भगवान से भी बढ़कर हो गई है। उसे अर्जित करने के लिए मिट्टी की नीलामी तक कर रहे हैं।

इस भयावह परिस्थिति से मुक्ति का एकमात्र मार्ग बुनियादी आवश्यकताओं में स्वावलम्बन है। अवश्य ही कुछ वर्ष पहले रोटी, कपड़ा और मकान मानवों की बुनियादी आवश्यकताएँ मानी जाती थीं, लेकिन अब तो इससे पहले प्राणवायु और पानी अनिवार्य हो गया है। जब तक हम सामान्य जीवमंडल (बायोस्फेयर) में रहते थे, ऑक्सीजन का इतना महत्त्व नहीं था, लेकिन अब तो हम तकनीकी मंडल (टेक्नोस्फेयर) में रहते हैं, जिसकी ऑक्सीजन की आवश्यकता सब जीवधारियों से पंद्रह गुना अधिक है। इसी प्रकार शुद्ध और जीवंत पेयजल की उपलब्धि एक गंभीर समस्या हो गई है। सन् 1975 के मुकाबले भारत की पानी की आवश्यकता सन् 2025 में तीन गुनी हो जाएगी। शेष बनाकर उसे हल करने के उपाय अधिक स्थायी और प्रभावकारी साबित नहीं हुए हैं। जहाँ तक खाद्य, कपड़ा आदि के उत्पादन का प्रश्न है, बढ़ती हुई जनसंख्या और प्रति व्यक्ति घटती हुई कृषि भूमि और उस पर भी प्रति वर्ष कम-से-कम 600 करोड़ टन उपजाऊ मिट्टी का क्षरण होने के कारण यह भी जटिल होता जा रहा है। प्राणिमात्र के लिए प्राणवायु, पानी और भोजन की उपलब्धि का एकमात्र साधन सघन वन और वृक्ष-खेती है। वनों को अब लकड़ी और उद्योगों के लिए कच्चे माल की खान के बजाये प्राणवायु के भण्डार और कार्बन-डाई-ऑक्साइड के स्वच्छ करने के साधन तथा नदियों की माँ व उपजाऊ मिट्टी पैदा करने के कारखानों के रूप में देखना होगा। क्षणिक लाभ के लोभ में मिट्टी की उर्वरता और नमी का शोषण करनेवाली कृषि एवं वानिकी पद्धतियों के प्रति सतर्क रहना होगा। मनुष्य जाति का भविष्य धरती के साथ उसके व्यवहार पर निर्भर करता है। यदि धरती के साथ भोगवाद की सभ्यता की आवश्यकताओं की पूर्ति के लिए कसाई जैसा व्यवहार जारी रहा तो उससे कष्ट, अशांति और कंगाली के सिवा कुछ हाथ लगनेवाला नहीं है। परंतु यदि गाँधीजी के बताए हुए रास्ते को अपनाकर तृष्णाक्षय करके मानव ने धरती के साथ माँ का जैसा व्यवहार किया तो निश्चित रूप से सुख-शांति और समृद्धि आएगी।

18

भारत की पर्यावरण नीति कैसी हो ?

भारत के सामने तीन महाप्रश्न हैं : 1. जनसंख्या का विस्फोट, 2. गरीबी, और 3. तेजी से बिगड़ता हुआ पर्यावरण। पिछले दस वर्षों से 1981 और 1991 के बीच हमारी जनसंख्या में 16 करोड़ की वृद्धि हुई है। जनसंख्या-वृद्धि की रफ्तार निरंतर बढ़ती जा रही है। सन् 1993 के मध्य तक हमारी जनसंख्या साढ़े अठासी करोड़ तक पहुँच गई थी और यह अनुमान है कि 21वीं शताब्दी में प्रवेश करते हुए हमारी जनसंख्या 1 अरब हो जाएगी। जनसंख्या-वृद्धि का एक चिंतनीय पहलू यह है कि नगरों की जनसंख्या तेजी से बढ़ रही है। सन् 1950 में जहाँ बंबई और कलकत्ता को क्रमशः 29 लाख और 44 लाख आबादीवाला महानगर माना जाता था, अब हमारे देश में दस लाख से अधिक आबादीवाले कम से कम 20 महानगर हैं। बंबई की जनसंख्या सन् 1950 के बाद चार गुनी से अधिक बढ़ी है। आज यह 1 करोड़ 25 लाख 70 हजार है। दिल्ली एक करोड़ का आँकड़ा छूनेवाली है। नगर खुशहाली के केंद्र माने जाते थे, लेकिन देहात की गरीबी का जमाव नगरों में हो रहा है। फलतः झुग्गी-झोंपड़ियों और मलिन बस्तियों की बाढ़ आ गई है। इन झुग्गी-झोंपड़ियों में रहनेवालों को पौष्टिक भोजन तो क्या, स्वच्छ पीने का पानी तक मयस्सर नहीं। कम-से-कम 1 करोड़ 25 लाख अभागे नगरवासी हैं, जिनके लिए पाखाना-पेशाब की जगह नहीं है। वायु-प्रदूषण का कीर्तिमान स्थापित करने में महानगर एक-दूसरे से होड़ कर रहे हैं। पिछले बीस वर्षों में धुआँ छोड़नेवाले वाहनों की संख्या दस गुनी हो गई है। इनमें से सबसे अधिक संख्या दुपहिया वाहनों (स्कूटर, मोटरसाइकलों) की है। यह 17 प्रतिशत प्रति वर्ष के हिसाब से बढ़ रही है। कार और जीपों में भी 7 प्रतिशत की वृद्धि हो रही है, जबकि बसों में, जो प्रदूषण को कम कर सकती थी, 6 प्रतिशत की वृद्धि हो रही है।

इस भयावह परिस्थिति का मूल कारण यह है कि हमने अपना आदर्श पश्चिम के उद्योग प्रधान देशों को माना है। अपनी समस्याओं के समाधान के लिए उनकी पद्धतियों को अपनाया है। इन उद्योग प्रधान देशों में समृद्धि तो गरीब देशों के संसाधनों की लूट व वहाँ उनके बाजारों के विस्तार से आई। उनकी जनसंख्या कम और क्षेत्रफल अधिक

था, इसलिए वे अपनी मूल पूँजियों – जल, जंगल और जमीन का उपयोग इस प्रकार से कर सके कि इनमें ह्रास नहीं हुआ। उसके विपरीत हमने कृषि-विस्तार के लिए जंगल काट डाले, भीमकाय बाँध बनाकर उपजाऊ जमीनों और जंगलों को डुबो दिया, उद्योगों का विस्तार करने के लिए लहलहाते खेतों पर सीमेंट के जंगल खड़े कर दिये। पिछले चालीस वर्षों में केवल बड़े बाँधों और सिंचाई परियोजनाओं के लिए ही दो करोड़ लोग विस्थापित हो गये। उनमें से डेढ़ करोड़ का तो कभी पुनर्वास ही नहीं हुआ। इस प्रकार उन भोले-भाले परिश्रमी लोगों को अपनी पैतृक भूमि, घरों और परिवेश से उखाड़कर यंत्रणा भोगने के लिए मजबूर कर दिया। जब लोग जमीन से उखड़ जाते हैं, तो वे केवल भौतिक गरीबी के शिकार ही नहीं होते, वे मानसिक दृष्टि से उदास और नैतिक दृष्टि से दीवालिया हो जाते हैं।

भारत को यह फैसला करना पड़ेगा कि क्या वह विकास की उस मृगमरीचिका के पीछे दौड़ता रहेगा, जिसने यहाँ पर 40 प्रतिशत लोगों को इस स्थिति में रखा है कि उन्हें पोषक भोजन भी मयस्सर नहीं है। इन लोगों की संख्या सन् 1988 में 31 करोड़ 30 लाख थी। साठ प्रतिशत बच्चे आज भी कुपोषण के शिकार हैं। हमने सिंचाई संसाधनों का विस्तार कर 85 लाख हेक्टेयर भूमि को खारेपन और दलदलीपन से उत्पादन के योग्य ही नहीं रखा है। आंशिक रूप से प्रभावित भूमि, जिसकी उत्पादन क्षमता धीरे-धीरे घट रही है इसके साथ जोड़ें तो भारत में सिंचित भूमि का 36 प्रतिशत इनसे ग्रस्त है। हम 40 सदी के किसान दो-ढाई सदी के किसान अमेरिका की नकल कर रहे हैं, लेकिन नकल करने में हम उससे भी आगे बढ़ गये हैं। वहाँ इन व्याधियों से ग्रस्त भूमि 24 प्रतिशत है। इसी प्रकार सन् 1991 में खेती के लिए रासायनिक खादों का प्रति हेक्टेयर उपयोग अमेरिका से 60 प्रतिशत अधिक था। बीस वर्षों में (1970-71 से 1990-91) कीटनाशकों के उपयोग में 3.4 गुना वृद्धि हुई है। कीटनाशकों और रासायनिक उर्वरकों तथा ट्रैक्टरों के उपयोग में क्रमशः 6 प्रतिशत, 8.3 प्रतिशत और 11.8 प्रतिशत की वार्षिक वृद्धि होने के बावजूद भी कृषि पैदावार में कुल वृद्धि 3 प्रतिशत थी। हमने डी.डी.टी., एल्ड्रीन, बी.एच.सी. जैसे धनी देशों में प्रतिबंधित कीटनाशकों का उपयोग पैदावार बढ़ाने के लालच में किया, लेकिन माँ के दूध तक को विषाक्त बना दिया। नहरों की सिंचाई के अलावा भूमिगत जल से सिंचाई में भारी वृद्धि हुई है, पर इसका परिणाम क्या हुआ ? देश के विभिन्न भागों में पातालतोड़ कुओं (ट्यूबवेल) में पानी की सतह प्रति वर्ष 0.80 मीटर से लेकर कई मीटर नीचे जा रही है। इससे जहाँ नदियों की उपत्यका में गरीब लोगों के कुएँ सूख गये, गुजरात और तमिलनाडु के समुद्रतटीय क्षेत्रों में समुद्र का खारा पानी कुओं में घुस आया है और उनका पानी पीने व खेती के योग्य नहीं रह गया है। इस प्रकार हमने नाक बेचकर नथ पहन ली है। मिट्टी, पानी की मूल पूँजी को गँवाकर, स्वास्थ्य के लिए गंभीर खतरे पैदा कर एक अल्पकालीन समृद्धि का ढोल पीटा है। यह समृद्धि भी थोड़े साधन-संपन्न लोगों के लिए आई

है।

वास्तविक विकास का लक्ष्य लोगों को स्थायी सुख, शांति और संतोष (अस्थायी समृद्धि नहीं) प्रदान करना होना चाहिए। हमारे पास भोग की कितनी वस्तुएँ हैं, यह पैमाना नहीं बल्कि हम किस प्रकार का जीवन जी रहे हैं, यह पैमाना होना चाहिए। यह लक्ष्य प्राप्त करने के लिए हमें प्रकृति के साथ अपने रिश्तों में आमूलचूल परिवर्तन करना होगा। आज की तरह विज्ञान का उपयोग प्रकृति की हत्या कर कभी तृप्त न होनेवाले लालच के लिए नहीं, बल्कि विज्ञान की सहायता से प्रकृति का सुसंस्कार कर प्राणिमात्र की प्राणवायु, जल, भोजन, आवास आदि अनिवार्य आवश्यकताओं की पूर्ति के लिए होगा।

हमें सर्वोच्च प्राथमिकता वन-विनाश के कारण हुए धरती के घावों को भरने को देनी होगी। वनों को अब तक औद्योगिक कच्चे माल और लकड़ी की खान के रूप में देखा गया है। वास्तव में वनों की मुख्य उपज तो प्राणवायु, जल और मिट्टी हैं। भारत में खेती, उद्योग और घरेलू आवश्यकताओं के लिए ताजे पानी की माँग तो निरंतर बढ़ रही है, लेकिन वन-विनाश, हिमनदों के तेजी से पीछे खिसकने व भूमिगत जल का स्तर गिरने के कारण आपूर्ति तेजी से घट रही है। अतः पानी को वनों की मुख्य पैदावार घोषित करना होगा। इसके लिए जलसंरक्षण की अधिकाधिक क्षमतावाली वृक्ष, झाड़ी और अन्य वनस्पति प्रजातियों का क्षेत्र बढ़ाना होगा। वन नदियों की माँ हैं। नदियों के जलग्रहण क्षेत्रों में वनस्पति का सघन कवच स्थायी जल भंडारण करनेवाले ऐसे बाँध हैं, जिनसे नदियों के बहाव में स्थिरता आती है, वाष्पीकरण से होनेवाले 4 प्रतिशत पानी का ह्रास नहीं होता, पानी की शुद्धता और स्वच्छता बनी रहती है। बाढ़ों पर नियंत्रण होता है।

बड़े बाँधों के निर्माण पर, जो प्रकृति विनाश का क्रूरतम तरीका और मानवी त्रासदी का घिनौना कारक हैं, पूर्णतः रोक लगानी होगी, इनकी जगह जल-संचय की तालाब-पद्धति को बढ़ावा देना होगा। इसकी प्रतिवर्ष सफाई कर उपजाऊ मिट्टी को पुनः खेतों में वापस पहुँचाया जा सकेगा। नहरी सिंचाई और बड़े-बड़े बाँधों से नष्ट हुई भूमि को पुनः उपजाऊ बनाने, तथा अनुपजाऊ व रेगिस्तानी भूमि को उपजाऊ बनाने के लिए वृक्ष-खेती को अपनाना होगा। वृक्ष-खेती में भूमि-सुधार के साथ-साथ पानी की खपत में कमी, जल-संरक्षण व बादलों का आकर्षण होगा। रासायनिक खादों की आवश्यकता नहीं पड़ेगी, वृक्षारोपण में बहुधंधी वृक्ष प्रजातियों का विशेष महत्त्व है। वे अपनी पूरी अवस्था तक पहुँचने तक फल, पत्तियों फूलों के द्वारा सततः पैदावार देते रहेंगे और पारिस्थितिकी संतुलन बनाए रखेंगे।

गाँधीजी एक व्यावहारिक आदर्शवादी थे, उन्होंने अपनी दूरदृष्टि से सन् 1926 में ही इसकी संभावनाएँ देख ली थीं। प्राणवायु की कमी, बढ़ते हुए वायु और शोर प्रदूषण तथा बढ़ती हुई जनसंख्या के लिए अधिक खाद्य की आवश्यकताओं की पूर्ति के लिए वृक्षमानव रिचर्ड सेंट बार्ब बेकर जैसे वैज्ञानिकों ने इसे ही एकमात्र समाधान बताया है।

वृक्षों से उतने ही क्षेत्रफल में अनाज के मुकाबले पाँच से लेकर दस गुना तक पैदावार प्राप्त कर सकते हैं। खाद्य-बीज देनेवाली वृक्ष प्रजातियाँ तो मिट्टी में नत्रजन भी संचित करेंगी।

नवीनीकृत होनेवाले संसाधनों – वन, चरागाह, कृषि भूमि और समुद्रों – से निरंतर प्राप्त होनेवाली उपजों पर खड़ी जीवन-पद्धति टिकाऊ होगी। अतः खनिजों और धातुओं के उपयोग को कम करने के लिए हरित विकल्पों को प्रोत्साहन देना भारत की पर्यावरण नीति का दूसरा लक्ष्य होगा। खनिज और धातु वायु-प्रदूषण के मुख्य कारक हैं। पेट्रोल, डीजल, कोयला आदि जीवशेषीय ईंधनों के स्फोट से वायुमंडल में जहरीली गैसों में निरंतर वृद्धि हो रही है। ऊर्जा के क्षेत्र में प्रदूषणरहित विकल्पों को प्रोत्साहन दिया जाना चाहिए। इसमें मानव पशुशक्ति से चालित – साइकिल जैसे – यंत्र शामिल हैं। साइकलों पर उत्पादन-कर समाप्त कर तथा उनके लिए अलग मार्ग बनाने हेतु तेल से चलनेवाले वाहनों पर अतिरिक्त कर लगाया जा सकता है।

विकेंद्रित उत्पादन-पद्धति प्रदूषण के साथ-साथ शोषण को भी समाप्त करेगी, विकेंद्रित उत्पादन-पद्धति से नगरों में मलिन बस्तियों का विस्तार रुक जायेगा, क्योंकि लोगों को अपने-अपने स्थानों पर ही रोजगार मिल जाएगा। इसके अलावा बड़े उद्योगों से एक ही स्थान पर पैदा होनेवाला वायु या जल-प्रदूषण, जिसके कारण उद्योग नगरियाँ नरक बन गई हैं, रुक जाएगा। प्रदूषण को यांत्रिक तकनीकी पद्धतियों से रोकने के प्रयास भारत में असफल हो रहे हैं, क्योंकि इनमें ऊर्जा का खर्चा अधिक होने के कारण उद्योग इन्हें केवल प्रदर्शन के लिए रखते हैं।

हमारा भरोसा अब तक मुख्यतः पर्यावरण की रक्षा के लिए सरकारी प्रयासों पर रहा है। इसके लिए एक अलग मंत्रालय बना है और कुछ कानून बने हैं। प्रारंभ में तो पर्यावरण मंत्रालय कुछ प्रभावकारी रहा, और उससे यह अपेक्षा रखी गई थी कि वह पर्यावरण की रक्षा के लिए चलनेवाले जन आंदोलनों का सरकारी प्रवक्ता बनेगा, लेकिन पिछले पाँच वर्षों के अनुभवों ने यह सिद्ध कर दिया है कि इस मंत्रालय को विनाशकारी विकास की आवश्यकताओं ने दबा दिया है, कई मामलों में तो न्यायालय के फैसलों को क्रियान्वित करने के बजाय उनको लटकाकर रखने में पर्यावरण मंत्रालय सहायक बना। कानपुर में गंगा को प्रदूषित करनेवाले उद्योग इसका ज्वलंत प्रमाण हैं। इसी प्रकार परती भूमि पर ग्राम-समुदायों को अपनी चारा, ईंधन की आवश्यकताओं की पूर्ति के लिए पेड़-पौधे उगाने में मदद देने के बजाय उद्योगपतियों को इसे सौंपा जा रहा है। टिहरी बाँध के मामले में अपनी ही समिति की सिफारिशों को ठुकराकर उसे अनापत्ति का प्रमाण पत्र देकर तो इस मंत्रालय ने अपने लिए पर्यावरण के हत्यारे का खिताब हासिल कर लिया है।

पर्यावरण की रक्षा का सवाल धरती पर प्राणिमात्र की रक्षा का सवाल है। भारत जैसे जनसंख्या प्रधान देश में पर्यावरण की क्षति के भयावह परिणाम होंगे। अतः इनसे

बचने का एक ही उपाय है कि राष्ट्रीय स्तर पर अधिकारसंपन्न पर्यावरण आयोग हो, जो एक ओर तो जन-चेतना जगाने के स्वैच्छिक प्रयासों को प्रोत्साहन दे और दूसरी ओर कानूनों पर कड़ाई से अमल करे। इस प्रकार के आयोग की संवैधानिक व्यवस्था हो, जिससे यह राजनीति के हाथों का खिलौना न बन जावे।

19
जीवन की जय : मृत्यु का क्षय

नये समाज की जो कल्पना गाँधीजी ने की थी, उसमें समुदायों की बुनियादी आवश्यकताओं की पूर्ति आसपास के क्षेत्र से होनी चाहिए, वे उत्पादक श्रम पर विश्वास करते थे। हमारे युग की मुख्य चुनौतियों का – मुख्यतः प्रदूषण का – उत्तर विकेन्द्रित उत्पादन में छिपा हुआ है। बड़े-बड़े कारखाने ही जल और वायु-प्रदूषण करते हैं। झोंपड़पट्टियों को जन्म देते हैं। केंद्रित उत्पादन पद्धति ने ही धरती का अतिशोषण किया है। और बेरोजगारी तथा असहाय अवस्था को जन्म दिया है। इसने उपभोक्ता और उत्पादकों को दो छोरों पर खड़ा कर दिया है और इन दोनों के बीच अनुत्पादक लोगों – व्यवस्थापकों, बैंकरों, दलालों, विज्ञापनकर्ताओं और सामान ढोनेवालों की लूट-खसोट करनेवाली अनुत्पादक लोगों की फौज खड़ी कर दी है। केंद्रित सरकारें इसमें साझीदार हैं। आर्थिक विकेंद्रीकरण के बिना आजकल बहुचर्चित पंचायती राज (राजनीतिक विकेंद्रीकरण) अर्थहीन है।

इस विकेंद्रित समाज की ओर बढ़ने का व्यावहारिक कार्यक्रम क्या होगा? मैं समझता हूँ आज की परिस्थिति के संदर्भ में बुनियादी आवश्यकताओं, रोटी, कपड़ा और मकान से भी पहले शुद्ध हवा और स्वच्छ एवं जीवंत जल आता है। इनके संबंध में जन-जागृति पैदा करना आवश्यक है। हम अब जीवमंडल में नहीं रहते हैं। हम तो अब एक तकनीकी मंडल के निवासी हैं जिसकी ऑक्सीजन की आवश्यकताएँ – सब जीवधारियों से 15 गुना अधिक हैं। इसी प्रकार प्रति व्यक्ति पानी की उपलब्धि सन् 1983 के मुकाबले इस शताब्दी के अंत में 24 प्रतिशत कम होगी। भारत में सन् 1901 में प्रति व्यक्ति 9404 घनमीटर पानी उपलब्ध था, जो 1941 में घटकर 6972 घ. मी. और 1981 में केवल 3243 घ.मी. रह गया। यदि कमी की यही रफ्तार रही तो जब हम 21वीं शताब्दी में प्रवेश करेंगे तो सन् 1901 के मुकावले प्रति व्यक्ति केवल 17 प्रतिशत (एक अन्य अध्ययन के अनुसार 14 प्रतिशत) पानी ही मिलेगा। पानी की उपलब्धि में कमी का कारण जनसंख्या की वृद्धि तो है ही, उससे भी अधिक पानी के स्रोतों का ह्रास है। दूसरी ओर कृषि उद्योग और घरेलू आवश्यकताओं में पानी की माँग में असीमित वृद्धि हो रही है। कृषि के व्यापारीकरण के कारण कृषि में पानी की आवश्यकताएँ बढ़ गई हैं। महाराष्ट्र में तो गन्ने की खेती के लिए भूमिगत जल का खनन इस सीमा तक पहुँच गया है कि सामान्य कुएँ तो सूख

ही गये हैं, ट्यूबवेलों में पानी की सतह कई मीटर नीचे चली गई है। यह परिस्थिति सारे देश में है। उद्योगों और खास तौर से रासायनिक उद्योगों की पानी की माँग निरंतर बढ़ती जा रही है। पानी की कमीवाले गुजरात राज्य में बड़ौदा स्थित तीन कारखाने – रासायनिक खाद का कारखाना, भारतीय पेट्रोकेमिकल्स मि. तथा तेलशोधक कारखाना प्रतिदिन 350 लाख गैलन पानी खर्च करते हैं। इसका अर्थ हुआ 117 लाख घड़े पानी, जो 11 लाख 70 हजार ग्रामीण परिवारों के लिए पर्याप्त है। इस शताब्दी के अंत में शहरी जनसंख्या 35 प्रतिशत हो जायेगी। नगर में रहनेवाले व्यक्ति का पानी का खर्चा ग्रामीण के मुकाबले 10 से 15 गुना तक अधिक है। पानी के सवाल पर खेती और उद्योग, शहर और गाँवों के बीच एक अदृश्य युद्ध आरंभ हो गया है।

खाद्य उत्पादन के क्षेत्र में हरित क्रांति का चमत्कार अब मंद पड़ने लगा है। तंजोर जिले में जो तमिलनाडु का धान का कटोरा है, हरित क्रांति के प्रारंभिक वर्षों में धान की पैदावार में साढ़े तीन गुना वृद्धि हुई थी। अब रासायनिक खादों की निरंतर बढ़ती हुई खपत के बावजूद भी यह केवल ढाई गुना ही रह गई है। प्रति व्यक्ति कृषि भूमि में कमी ने, जो सन् 1950 में 0.48 हे. के मुकाबले सन् 2000 में केवल 0.14 हे. (एक अन्य अनुमान के अनुसार 0.11 हे.) – लगभग एक-चौथाई ही रह जाएगी, अब खाद्य उत्पादन की प्रचलित व्यवस्था पर प्रश्नचिह्न लगा दिया है।

इन सब प्रश्नों का उत्तर वृक्ष-खेती में है। वृक्ष ऑक्सीजन पैदा करने, कार्बन-डाई-ऑक्साइड का प्रचूषण करने, जल के स्थायी बाँध और कम भूमि पर अधिक खाद्य (अनाज के मुकाबले 5 से 10 गुना अधिक) पैदा करनेवाला प्रकृति का अद्भुत चमत्कार है। गाँधी के युग में प्राणवायु और जल का संकट इतना गंभीर नहीं हुआ था, फिर भी वे अपनी दूरदृष्टि से वृक्ष-खेती का महत्त्व देख सके थे, सन् 1926 में काका कालेलकर ने उनसे पूछा, "भविष्य में खेती का स्वरूप क्या होगा ?" बापू का उत्तर था, "अब जो दूसरा कदम उठाना है वह सामुदायिक कृषि करने का नहीं वरन् फलों के बगीचे लगाने का है। इससे स्थिरता बढ़ जाएगी। समस्त संसार से हमारे संबंध अधिक शुद्ध हो जाएँगे तथा खेती में मनुष्य को जितना परिश्रम करना पड़ता है, फलों के बगीचों में कम परिश्रम करना पड़ेगा और कुछ शांति मिल सकेगी। जिस प्रकार मांसाहार की अपेक्षा अन्नाहार का आध यात्मिक प्रभाव अधिक है, उसी प्रकार अन्नाहार की अपेक्षा फलाहार का प्रभाव अधिक है। फिर ऐसे वृक्षों से वर्षा भी नियमित होने लगती है। दूसरे अनाज की खेती के मुकाबले फलों के बगीचे वर्षा पर कम निर्भर होते हैं। इस प्रकार फलाहार के आर्थिक, राजनीतिक और आध्यात्मिक लाभ अधिक हैं।"

आज की व्यवस्था को बदलने का मुख्य कार्यक्रम भूमि उपयोग के संबंध में चेतना जगाना होना चाहिए। भूमि पर बड़े उद्योगों और व्यापारिक कृषि का तेजी से हमला हो रहा है। इससे जहाँ एक ओर बेरोजगारी व परावलंबन बढ़ रहा है, दूसरी ओर मिट्टी की गुणवत्ता का ह्रास हो रहा है। युक्लिप्टिस की खेती के विस्तार से हमने मिट्टी और

पानी रूपी दोनों बुनियादी पूँजियों का ह्रास किया है।

भूमि से किसानों का रिश्ता टूटने के दूरगामी परिणाम होंगे। यह लोकतंत्र के लिए घातक है। औद्योगिक समाजों में केंद्रीकरण की शक्तियों को बढ़ावा दिया है और इसके साथ ही आज सैन्यवाद के मजबूत होने का एक मुख्य कारण जनता की प्रतिरोध करने की शक्ति का लुप्त हो जाना है। जमीन से जुड़े हुए किसान की प्रतिकार करने की शक्ति मजदूर से कई गुना अधिक होती है।

विकेंद्रित जीवन-पद्धति का मूलभूत सिद्धांत यह है कि हम अनवीकृत संसाधनों-धातुओं एवं खनिजों का कम-से-कम उपयोग करें। आदिवासियों और कई पुरानी संस्कृतियों में, जिन्हें गोरे लोगों की औद्योगिक सभ्यता ध्वस्त नहीं कर पाई यह पाया जाता है। ऐसे समाज चिरंजीवी होंगे और अपने अस्तित्व के लिए दूसरों का शोषण नहीं करेंगे।

इस संदर्भ में हमें आदिवासी, बनवासी और दूरदराज के गिरिजनों पर हो रहे सभ्यता के आक्रमण की समस्या पर विचार करना चाहिए। उनकी सादगी और संयम की जीवन-पद्धति को उजाड़ा गया। वहाँ पर सुरक्षित वन, जल और खनिज भंडारों का बड़े नगरों और अपेक्षाकृत अधिक सम्पन्न क्षेत्रों के वैभव के लिए दोहन किया जा रहा है। हम उनके साथ वही सलूक कर रहे हैं, जो गोरे लोगों ने रेड इंडियन व दूसरे उन लोगों के साथ किया था, जिनकी भूमि को उन्होंने जबरदस्ती हथिया लिया। इन क्षेत्रों में सर्वत्र असंतोष है और राष्ट्रीय एकता की दृष्टि से यह खतरनाक है।

विकेंद्रित व्यवस्था का चित्र तब तक स्पष्ट नहीं होगा, जब तक हम ऊर्जा की उपलब्धि की मौजूदा प्राथमिकताओं में आमूलचूल परिवर्तन न कर दें, केंद्रित उत्पादन के लिए उच्च शक्ति की ऊर्जा की आवश्यकता होती है, जिसे प्राप्त करने के लिए परमाणु विजलीघर, ताप बिजलीघर और पनबिजली की शिखर माँग की पूर्ति के लिए बड़े बाँध बनाने की आवश्यकता पड़ती है। औद्योगिक समाज मानव को ऊर्जा का स्रोत मानता ही नहीं है, बल्कि मनुष्य को अधिक फुर्सत देने पर विश्वास करता है। जनसंख्याबाहुल्य देशों में इसका परिणाम बेकारी हुआ है। पूर्ण रोजगार के लिए मानव ऊर्जा को सर्वोच्च प्राथमिकता देनी होगी। इसके बाद क्रमशः पशु शक्ति, बायोगैस, सौर ऊर्जा, पवन ऊर्जा, समुद्र की लहरों तथा नदी के सीधे प्रवाह से जल-विद्युत आती है।

मैं उस मुख्य प्रश्न को आपके विचार के लिए प्रस्तुत करना चाहता हूँ जो हम सबके मनों में है। ये सब काम तो राज्य के करने के हैं। हममें यह आशा जगी है कि सरकार में परिवर्तन हुआ है, इसलिए समस्याओं के समाधान के द्वार खुल गये हैं। वस्तुस्थिति तो यह है कि राज्य शक्ति के मूल स्वरूप में सरकार बदलने से कोई अंतर नहीं आता। बावजूद चुनाव घोषणाओं के ऊँचे-ऊँचे वायदों के कोई भी राजनीतिक पक्ष नीतियों में बुनियादी परिवर्तन नहीं ला सकेगा, क्योंकि नीतियों को अमली जामा पहनाने का काम नौकरशाही और तकनीकी तंत्र के हाथों सौंपा जाता है। नौकरशाही स्वभाव से यथास्थिति कायम रखनेवाली और तकनीकी तंत्र हृदयहीन एवं एकांगी होता है। हमारे देश में स्वराज्य के पिछले चालीस

वर्षों में राजनेताओं का जनाधार समाप्त हुआ है, क्योंकि राजनीतिक पक्षों की जड़ें जनता में नहीं हैं। वे शीर्षस्थ नेताओं द्वारा किसी समय अर्जित लोकप्रियता, खानदानी असर और अब तो अपराधी तत्त्वों के सहारे भी खड़े होने लगे हैं। धन-बल और बाहुबल का बोलबाला है। ऐसी स्थिति में लोकतंत्र में यथास्थिति को बदलने के लिए बनाया जानेवाला जनशक्ति का दबाव ही एकमात्र सहारा है। धनिकों और अपराधी तत्त्वों के बीच ऐसे दबाव के निर्माण का काम वास्तव में लोकतंत्र की रक्षा का महाकार्य है।

इस कार्य को सम्पन्न करने के लिए क्या हम स्वयं एक पक्ष बन जाएँगे या पक्ष विशेष का समर्थन करेंगे ? ऐसा करने पर हम शक्ति नेतृत्व के दायरे में आ जाएँगे। इसके मार्गदर्शन के लिए अपने उद्‌गम की ओर देखना होगा। मुझे इस संदर्भ में स्व. शंकरराव देवजी के शब्द याद आते हैं, जो उन्होंने हिमालय में कहे थे, “जो अपने उद्‌गम की ओर मुड़कर नहीं देखता और नदी की तरह आगे बहता रहता है, उसका अंत समुद्र में विलीन हो जाने में होता है।” हमारा उद्‌गम गाँधी के सपने में से हुआ है। उसके अंतिम वसीयतनामे से हुआ है। गांधी आधुनिक भारत का प्रभाव नेता था, जो लोगों के हृदयों पर राज करता था, और इसलिए राजकर्ता शक्ति नेताओं पर उसका नैतिक अंकुश था। जनता पार्टी के पिछले शासन में इस नैतिक अंकुश के प्रभावी होने की आशा जगी थी, लेकिन हम सब जानते हैं कि शक्ति नेतृत्व ने इसकी उपेक्षा की। जे.पी. रोग-शैया पर थे और हममें से अधिकांश ने राज्य-पोषित रचनात्मक कार्यों – प्रौढ़ शिक्षा आदि – को हाथ में ले लिया। इससे राज्य शक्ति ही मजबूत हुई। मुझे आशा है कि इस भूल को नहीं दुहराया जाएगा। उसकी अब अधिक संभावनाएँ हैं क्योंकि विकास योजनाओं के क्रियान्वयन में नौकरशाही की असफलता ने पिछले दस वर्षों में एक नये असरकारी आंदोलन के बारे में राजनेताओं को आश्वस्त कर दिया है। इसलिए उसके माध्यम से कार्य सम्पन्न कराने के लिए आठवीं योजना में सातवीं योजना के मुकाबले पाँच गुना धनराशि का प्रावधान करने की चर्चा सुनाई देती है। यह भी पश्चिम से आये गैर-सरकारी संगठन (एन.जी.ओ.) प्रणाली की नकल है। पश्चिम में जहाँ सरकार स्वयं एक कल्याणकारी राज्य के नाते और बड़े-बड़े निगमों के मार्फत काम करती है, अपनी पहुँच से बाहर के क्षेत्रों में काम करने के लिए गैर-सरकारी संगठनों (एन.जी.ओ.) को प्रोत्साहन देती है। वे इसके पूरक के रूप में काम करते हैं। ये इतने शक्तिशाली हो गए हैं कि आर्थिक उपनिवेशवाद को गरीब देशों में फैलाने के लिए आज वही भूमिका अदा कर रहे हैं, जो तीन-चार शताब्दी पूर्व राजनीतिक उपनिवेशवाद की स्थापना के लिए चर्च की रही हैं। इनका मुख्य कार्य स्वतंत्र समुदायों के सदियों से अपनी व्यवहार बुद्धि (विजडम) से स्थापित आधारों को ध्वस्त कर उन्हें पंगु बनाना रहा है। सर्वोदय समाज की प्राणवायु आत्मविश्वास की भावना रही है। हमारे सभी कार्यक्रमों की कसौटी यह होनी चाहिए कि वे हममें किस हद तक हमारे व्यक्तिगत और सामुदायिक जीवन में आत्मविश्वास पैदा करते हैं।

पूँजीवाद के प्रति तो लोगों का विश्वास उखड़ ही चुका था। मुक्ति के लिए समाजवाद

की ओर टकटकी लगाये हुए लोगों की आस्था को भी रूस और पूर्वी यूरोप की घटनाओं ने झकझोर दिया है। वास्तव में ये दोनों रास्ते 'वादों' के आधार पर बने थे। समाज का नियमन करने की उनकी पद्धतियों में कोई अंतर नहीं था। उनका सत्ता, संपत्ति और शस्त्र की शक्ति पर पूरा भरोसा था, उन दोनों के पास इनका समर्थन करने के लिए एक दर्शन था, एक शास्त्र था। मानवजाति के हितचिंतक द्रष्टाओं ने इनको जो विकल्प प्रस्तुत किये हैं उन पर अमल करने के लिए अब अनुकूल समय आ गया है। गाँधी की बगावत का रूप सत्ता के स्थान पर सेवा, संपत्ति के स्थान पर सादगी और संयम तथा शस्त्र के स्थान पर शांति को प्रतिष्ठापित करना था। उन्होंने किसी 'वाद' के साथ अपने को जोड़ने से दृढ़तापूर्वक इन्कार किया और कहा कि "मेरा जीवन ही मेरा संदेश है।" उन्होंने शास्त्र के विकल्प के रूप में 'सदाचार' को प्रस्तुत किया था। नये समाज के ये चार – सेवा, सादगी, शांति और सदाचार – स्तंभ होंगे, भारतीय संस्कृति की यह सर्वोत्तम प्रस्तुति है। एक नई जागतिक दृष्टि का उदय हो रहा है। जिसके बारे में कई वर्ष पहले सर्वपल्ली राधाकृष्णन ने कहा था, "मानवजाति का भविष्य, भूत और वर्तमान तथा पूर्व और पश्चिम के बीच संबंधों का पता लगाने और इनके बीच सहयोग स्थापित करने पर निर्भर करता है।"

सौभाग्य से पश्चिम में पूर्व के अध्यात्मवाद को आत्मसात करनेवाले कई वैज्ञानिक और विचारक सक्रिय हैं। उनमें से दो विभूतियों, शांति के शोधकर्ता नार्वे के वैज्ञानिक जान गालटुंग और मैक्सिको के एक आदिवासी गाँव में गाँधी की तरह झोंपड़ी में रहनेवाले विचारक इवान इलिच से मेरी भेंट हुई। उनके विचारों को धरती पर उतारने के लिए हरित आंदोलन सक्रिय है, प्रायः हमारे यहाँ हरित आंदोलन को एकमात्र राजकरण में भाग लेनेवाली हरित पार्टियों के साथ जोड़ा जाता है। यह तो एक नई समाज-व्यवस्था को लाने का सक्रिय आंदोलन है, जो युद्ध और प्रदूषण से संबंधित सरकारी योजनाओं के खिलाफ सीधी कार्रवाई करता है। इनमें से हरित शांति (ग्रीन पीस) पहले धरती (अर्थ फर्स्ट), विश्व वर्षा वन आंदोलन (वर्ल्ड रेन फारेस्ट मूवमेंट) ने तो विश्व के कई भागों में प्रतिरोध के आंदोलन चलाये हैं। इनके सामने मुख्यतः युद्ध और प्रदूषण की समस्याएँ रही हैं, लेकिन पूर्व में जन्मे सर्वोदय आंदोलन द्वारा संपोषित 'चिपको' आंदोलन ने प्रदूषण को भूख और प्रकृति-विनाश के साथ जोड़कर मानवता की रक्षा के जागतिक आंदोलन को एक नया आयाम दिया है। युद्ध, प्रदूषण और भूख से मुक्ति की हमारे उपग्रह को पुनर्जीवित करने की आकांक्षा को पूरा करने के लिए एक विश्व घोषणापत्र की आवश्यकता है। गाँधी के प्रयोगों पर आधारित इस घोषणापत्र में शांति, स्वच्छ पर्यावरण और संतोषी जीवन की गारंटी हो। औद्योगिक समाज को हरित समाज में बदलने की व्यावहारिक योजना हो। इसके लिए सर्वोदय समाज को विश्व में यथास्थिति को बदलकर नया सवेरा लाने के लिए कार्यरत जागतिक समूहों के साथ मिलकर तत्काल कार्य प्रारंभ कर देना चाहिए। हमारे पास खोने के लिए समय नहीं है। एक-एक क्षण की देरी घातक होगी। यह सर्वोदय विचार को विश्वव्यापी

बनाने की एक व्यावहारिक योजना है। इसमें हमें इस देश में जागतिक आंदोलन का बल मिलेगा। शक्ति नेताओं के लिए अपने व्यावहारिक आदर्शवाद के द्वारा प्रभाव नेता के रूप में कार्य करते हुए हम प्रेरणा, हिम्मत और आंतरिक शक्ति प्रदान कर सकते हैं।

सर्वोदय समाज अपनी स्थापना के काल से ही गाँधीजी के रास्ते पर चलने का भरसक प्रयास करता रहा है। आचार्य विनोबा भावेजी की भूदान क्रांति और ग्राम स्वराज्य की दिशा में बढ़ने के कार्यक्रमों ने इसे प्राणवान बनाया। लोकनायक जयप्रकाश नारायण का 'संपूर्ण क्रांति' का नारा उस दिशा में एक कदम था। अब ऐसा लगता है कि पिछले बारह वर्षों से हमारा अधिक जोर गाँधी के इस वचन कि 'मेरा जीवन ही मेरा संदेश है' के अंतिम शब्द 'संदेश' फैलाने में ही रहा है। लेकिन 'जीवन' के बिना 'संदेश' निरर्थक हो जाता है, खास तौर से गाँधी जैसे सत्याग्रही और कर्मयोगी का। मुझे इसमें कोई संदेह नहीं है कि व्यक्तिगत जीवन में हम प्रवाह के विरुद्ध तैरते हुए भी और कभी-कभी तो अपने ही परिजनों का विरोध मोल लेकर भी, उस रास्ते पर चलने का प्रयास करते हैं, लेकिन जहाँ तक सामुदायिक जीवन का और समाज की समस्याओं को हल करने का सवाल है, उसमें हमारी क्रियाशीलता में कमी हुई है। यह समाज के लिए अत्यंत दुर्भाग्यपूर्ण घटना है, क्योंकि जब लोगों को असंतोष की अभिव्यक्ति के शांतिमय रास्ते नहीं दिखाई देते तो वे हिंसा का रास्ता अपनाते हैं। बढ़ती हुई आर्थिक असमानताओं, विकास के विनाशकारी स्वरूप, उसके कारण लाखों लोगों के विस्थापन, और जिंदा रहने के आधार ही समाप्त होने तथा शराब के प्रसार से समाज का सबसे गरीब वर्ग त्रस्त है। बाहुल्यवाले विकास से एक दूसरे प्रकार के असंतोष – जो व्यक्ति और समाज को हमेशा अधिक से अधिक बटोरने की ओर प्रवृत्त करता है – भी देश के सबसे संपन्न राज्य पंजाब में पनपे हैं। इन असंतोषों की आग में हिंसावादी, संप्रदाय और अलगाववादी ताकतें रोटियाँ सेंकने में लगी हुई हैं। सारे देश में हिंसा से समस्याएँ हल करने का वातावरण बना हुआ है। व्यवस्था के पास इसके लिए एक ही उपाय है, पुलिस और सुरक्षा बलों में वृद्धि। मैं समझता हूँ शांति के लिए समर्पित सर्वोदय सेवकों के लिए जन-असंतोष के स्थानीय तौर पर निराकरण के लिए शांतिमय आंदोलनों को खड़ा करना एक सकारात्मक कार्यक्रम होगा। इस प्रकार के आंदोलनों से लोगों में शांतिमय उपायों के प्रति खोई हुई आस्था का पुनः उदय होगा। इन आंदोलनों के द्वारा निश्चित रूप से हमें समाज पर हावी भय और लालच की शक्तियों के मुकाबले में लोगों को निर्भय और निःस्वार्थ बनाने का एक अवसर मिलेगा। इस अहिंसक लड़ाई के दो कारगर शस्त्र हमें गाँधी से मिले थे जिनका उपयोग न होने के कारण भोथरे पड़ गये हैं। स्थानीय समस्याओं के समाधान के आंदोलनों और व्यवस्था में स्थायी परिवर्तन के लिए खड़े किये जानेवाले जन आंदोलनों के लिए तीन प्रकार के लोगों को एक मंच पर लाना होगा। ये हैं – मानवतावादी वैज्ञानिक, जो अपने ज्ञान का उपयोग धरती और उसके पुत्रों के शोषण के लिए लोभ और लालच की तुष्टि में लगे क्रूर वैज्ञानिकों से भिन्न प्रकार से करते हैं। मानव और धरती के कष्टों को मिटाने के लिए कार्य कर रहे हैं।

दूसरे अहिंसक तरीके से समाज परिवर्तन के लिए व्यग्र सामाजिक क्रांतिकारी तथा हृदयों को स्पर्श करनेवाले साहित्यकार, कलाकार, कवि और पत्रकार। इन तीनों के सामूहिक कार्य के फलस्वरूप निश्चित रूप से आंदोलन की सात्विक पद्धति विकसित होगी। ये लोग निश्चित रूप से एक अल्पमत में होंगे लेकिन यह सृजनात्मक अल्पमत होगा। प्रख्यात इतिहासकार अर्नल्ड टायनबी ने विश्व इतिहास के अपने अध्ययन का निष्कर्ष प्रस्तुत करते हुए कहा, "सभ्यता का विकास सृजनात्मक अल्पमत पर निर्भर करता है। इस अल्पमत के पास केवल समाज के सामने उपस्थित चुनौतियों का ही सफलतापूर्वक मुकाबला करने की शक्ति नहीं होनी चाहिए, लेकिन अपने साथ बहुसंख्यक निष्क्रिय लोगों को ले जाने की शक्ति भी होनी चाहिए।"

हम विश्व के उस मूक बहुमत की आवाज बनें, जिसको सत्ता, संपत्ति, और शास्त्रों पर कब्जा किये हुए एक वाचाल अल्पमत ने तकनीकी तत्रज्ञ और नौकरशाही की मदद से दबा रखा है। यह दिशाविहीन ज्ञान का अत्याचार है। बहुसंख्यक मूक बहुमत के पास सदियों के अनुभवों से पैदा हुई व्यवहार बुद्धि (विज़डम) है, जिसके आधार पर हमारा लड़खड़ाता हुआ समाज जिंदा है। ज्ञान को व्यवहार बुद्धि का मार्गदर्शन मिलेगा तो समाज स्वस्थ होकर आगे बढ़ने लगेगा। प्राणिमात्र के लिए सुख, शांति और संतोष सुलभ होगा। यह जिंदा रहने के लिए व्याकुल हमारे उपग्रह की आकांक्षा है। गाँधी, विनोबा और जयप्रकाश द्वारा बनाई गई राह पर चलकर इस आकांक्षा को धरती पर उतारने का पुरुषार्थ करने का सौभाग्य हमें प्राप्त हुआ है। यह मृत्यु से जीवन की ओर जाने का राजमार्ग है। 'जीवन की जय' और 'मृत्यु का क्षय' के महामंत्र का जाप करते हुए हम इस मार्ग पर चलते रहें। चलते रहें। चरैवेतिः चरैवेतिः। जीवन की जय : मृत्यु का क्षय।

20

पर्यावरण या विकास और अस्तित्व या विनाश

स्टॉकहोम सम्मेलन में मानवजाति के भविष्य पर प्रदूषण के महादैत्य के कारण मँडराते हुए खतरे के प्रति वैज्ञानिकों, बुद्धिजीवियों और समाज आंदोलनकारियों की चिंता सत्ता के केंद्रों में पहुँच गई, पर्यावरण संरक्षण का मुद्दा सड़क से लेकर राजमहल तक चर्चा का विषय बन गया। प्रदूषण और प्रकृति-विनाश को रोकने के लिए उत्साही समूह सरकारी कानूनों की चिंता न कर इसके खिलाफ सीधी कार्रवाई करने लगे। जब मैं सन् 1982 जून में पहली बार स्टॉकहोम गया तो मेरे मित्र इवो इलिस्टी मुझे उस स्थान पर ले गये, जहाँ भूमिगत रेलवे के स्टेशन में जाने के लिए मार्ग बनाने हेतु एक विशाल वृक्ष काटा जानेवाला था। इस वृक्ष को बचाने के लिए सारा नगर एक हो गया, एक ओर कानून से लैस सत्ता पक्ष था, जो विकास के लिए कुछ हो-हल्ला करनेवाले हुल्लड़बाजों को दबाने के लिए कटिबद्ध था, लेकिन नागरिक मोर्चे में अवकाश-प्राप्त सेनाध्यक्ष, न्यायाधीश जैसे कई संभ्रांत लोग थे। मजबूर होकर सत्ता पक्ष को झुकना पड़ा। स्टॉकहोम के लोग बड़े गौरव के साथ आगंतुकों को यह पेड़ दिखाते हैं, यह उनकी विजय का प्रतीक है, गौरव गाथा के इतिहास का एक स्वर्णिम पृष्ठ है। उनकी यह विजय स्टॉकहोम में पहला विश्वसम्मेलन बुलाने का कारण बना।

विश्व का दूसरा देश, जिसने पर्यावरण के मुद्दों को लेकर कई जन आंदोलन किये, जर्मनी है। जंगल काटकर सड़क बनाने, हवाई अड्डे का विस्तार करने आदि के विरोध में सरकार को आंदोलनकारियों का सामना करना पड़ा। फ्रैंकफर्ट में, जो विश्व का सबसे महत्त्वपूर्ण हवाई अड्डा है, अमेरिकी दबाव में सरकार उसका विस्तार करना चाहती थी। सारा विश्वविद्यालय ही विरोध में खड़ा हो गया। विद्यार्थी निर्माण-स्थल पर डट गये। बर्लिन में सरकार समुद्रतट को जोड़नेवाली एक ऐसी सड़क बनाना चाहती थी, जिससे सघन वन नष्ट हो रहा था, युवकों ने वहाँ डेरा डाल दिया, फलतः सरकार को सारी सड़क के क्षेत्र को ऊँची-ऊँची कँटीले तार की बाड़ों से घेरकर ही यह काम करना पड़ा।

पेड़ों की कटाई के सवाल को लेकर तो कोलंबिया, पश्चिमी संयुक्त राज्य अमेरिका और मलेशिया में कई स्थानों पर आंदोलन हुए। सन् 1985 में जब मैंने सीयाटो से सेन-फ्रांसिस्को

तक की कार-यात्रा आंदोलनकारियों से मिलने के लिए की थी, तो ओरोगेन राज्य में एक स्थान पर पेड़ों की कटाई रोकने का युवकों ने एक अभिनव तरीका निकाला था, जहाँ से पहले पेड़ को काटकर मशीनों को आगे ले जाने के लिए रास्ता बनाना था, वहाँ 70 फुट की ऊँचाई पर एक युवक पेड़ पर चढ़ गया और फिर एक सप्ताह तक उतरा ही नहीं।

पर्यावरण की रक्षा के लिए 'ग्रीन पीस' जैसे जुझारू दल का प्रादुर्भाव पर्यावरण रक्षा के आंदोलन में एक ऐतिहासिक घटना है। 'करो या मरो' के लिए समर्पित इस जुझारू दल ने संहारक सामग्री ले जानेवाले जहाजों तक का पीछा किया। भारत के 'चिपको' आंदोलन का, जो इन सबसे (स्टॉकहोम की कार्रवाई को छोड़कर) पुराना और जमीन से जुड़ा हुआ, शहरी सभ्यता के प्रभाव से दूर हाशिए पर रहनेवाले गरीब ग्रामीणों का आंदोलन था, कार्यशैली और निहित विचार की दृष्टि से ऐतिहासिक महत्त्व है। इस आंदोलन का घोष वाक्य–

क्या हैं जंगल के उपकार ?
मिट्टी, पानी और बयार !
मिट्टी, पानी और बयार,
जिंदा रहने के आधार !

आज विश्व के करोड़ों लोगों की जुबान पर है।

जहाँ सीधी कार्रवाई के आंदोलन जमीन पर पर्यावरण की लड़ाई लड़ रहे थे, हरित दलों का अभ्युदय हुआ और जर्मनी में तो सत्ता में भी उनकी हिस्सेदारी हुई। पर्यावरण मंत्रालय तो सभी देशों में बने, प्रारंभ में तो इन मंत्रालयों को इतना महत्त्व दिया गया कि भारत जैसे कई देशों में स्वयं प्रधानमंत्री ने इस मंत्रालय का कार्यभार सँभाला। सन् 1980 में श्रीमती इंदिरा गाँधी भारत की प्रथम पर्यावरण मंत्री थीं, शनैः-शनैः इस मंत्रालय का अवमूल्यन होने लगा और यह पर्यावरण की रक्षा के बजाय पर्यावरण की हत्या का शस्त्र बन गया।

व्यवस्था का एक चरित्र होता है कि वह जहाँ अपने बदलने का खतरा देखती है, सुरक्षा के लिए कवच बना लेती है और कवच के लिए उसी सामग्री का उपयोग करती है, जो बदलाव करनेवालों के हाथ में होती है। इस दिशा में अस्सी के दशक में जो कदम उठाए गए उनमें से जुझारू संगठनों को सरकारी सहायता पर जीवित रहनेवाले गैर-सरकारी संगठन (एन.जी.ओ.) बना दिया। मुख्य कार्यकर्ताओं को सरकारी समितियों में शामिल कर लड़ाकुओं को दरबारी बना लिया। धनी देशों को यह खतरा निरंतर बना हुआ रहता है कि कहीं गरीब देशों में ऐसे स्वतंत्र जन आंदोलन खड़े न हो जावें, जो व्यवस्था-परिवर्तन की बात ही करने लग जावें। अतः उनकी सरकारों ने अपने देश के बड़े गैरसरकारी संगठनों के मार्फत मुक्त हस्त से गरीब देशों के ऐसे संगठनों को सहायता बाँटनी प्रारंभ कर दी, जिससे सुविधाभोगी बनकर उनकी तीव्रता कम हो सके। जिन योजनाओं के – वृक्षारोपण,

जन-स्वास्थ्य, साक्षरता, जलग्रहण क्षेत्र संरक्षण आदि – के लिए उन्हें सहायता दी जाती है, वे भी तो सरकारी विकास-कार्यों की तरह विकास-कार्य ही हैं, जिन पर ऊपर से पर्यावरण का मुलम्मा चढ़ा हुआ है।

क्योंकि झगड़ा तो विकास की गलत दिशा के कारण पर्यावरण की क्षति से शुरू हुआ था, इसलिए विकास और पर्यावरण पर बहस चली और उसकी परिणति हुई – सतत: विकास (सस्टेनेबल डेवलपमेंट) के नारे में। रीयो के सम्मेलन में इसे जागतिक मान्यता मिल गई। अतः सरकारी तौर से उसके बाद सारे विकास पर सततः (सस्टेनेबल) का रंग चढ़ गया, अब संघर्ष की आवश्यकता नहीं।

यह तो हुई लीपापोती। यदि सूरदास को नैनसुख का नाम दिया जाय, तो वह देखने तो नहीं लगेगा। वास्तव में तो विकास की मौजूदा अवधारणा को ही पुनः परिभाषित करने की आवश्यकता है। सातत्य विकास का पहला लक्षण है। आज खनिज और धातुओं, जैसे अनवीकृत संसाधनों, जल, जंगल, जमीन जैसे नवीकृत संसाधनों की अंधाधुंध लूट के आधार पर खड़ी आर्थिक वृद्धि को मंजिल माननेवाला विकास कितने दिन टिकनेवाला है? विकास का दूसरा लक्षण है इससे दूसरे जीवधारियों को क्षति नहीं पहुँचनी चाहिए, क्योंकि सारा जीवन परस्परावलंबी है। जैविक विविधता का ह्रास तो आज भी परंपरागत विकासवादियों की गंभीर चिंता का विण्य बन चुका है। यह तो दूर का सपना है कि विकास का लाभ सबको समान रूप से मिलना चाहिए और इसकी शुरुआत सबसे नीचेवाले – अंतोदय – से होनी चाहिए। आज का विकास तो गरीब और अमीर के बीच की खाइयाँ चौड़ी करते हुए कुलाँचें मार रहा है। जहाँ 1960 में इसमें 1 और 30 का अंतर था, तीन दशक बाद 1990 में यह बढ़कर 1 और 59 हो गया।

हम विकास की चर्चा यहाँ छोड़ रहे हैं, क्योंकि विश्व के बहुसंख्यक लोगों का इस सारे गोरखधंधे से विश्वास ही उठ गया है। यह सारी बहस तो उन लोगों के बीच की है, जो व्यवस्था के साथ जुड़े हुए हैं। यह इसलिए चलती है, क्योंकि इसके साथ तंत्र की शक्ति है, तंत्र पर हावी पाँच प्रतिशत राजनीतिक और आर्थिक शक्ति हथियाए हुए लोग और उनके 15 प्रतिशत सहायकों के लिए ही रेडियो, टेलीविजन, समाचारपत्र और सारा प्रचारतंत्र बोलता है। सभी मंचों पर वे ही दिखाई देते हैं। इससे कोई अंतर नहीं पड़ता कि कुछ लोग सत्ता के आसनों पर विराजमान हैं और कुछ कतार बनाकर प्रतीक्षा में। अब विकास ने इस धरती को इतना प्रदूषित और विपन्न बना दिया है कि प्रकृति द्वारा प्राणिमात्र को जिंदा रहने के लिए दी हुई प्राणवायु ही जहर बन गई है। जीवन-संचार करनेवाले तत्त्वों के बजाय विकीरण का खतरा पैदा हो गया है। पानी का भयंकर प्रदूषण ही नहीं हुआ है, बल्कि पानी की कमी भी हो गई है। औद्योगिक सभ्यता हमारे हाथ में तो आकर्षक पेकेटों में उपभोग की वस्तुएँ रख देती है, लेकिन हमारी आँखें दूर नदियों में विष छोड़ जाती हैं, वायु में जहर घोल जाती हैं। इसी प्रकार रात को दिन बनानेवाली बिजली, अपने उत्पादन केंद्र में पैदा करनेवाले विकीरण के खतरे, वायुमंडल में कार्बन घोलने

या बाँध बनाकर उपजाऊ धरती व जंगलों को डुबाकर लाखों लोगों को उजाड़ने की घिनौनी करतूतों की कहानी पीछे छोड़ जाती है।

कहा जाता है कि विकास के कारण ही तो यह संभव है कि प्रति व्यक्ति आयु-दर में भारी वृद्धि हुई है। अवश्य ही हुई है, पर ये सब दवाइयों के व्यसनी चलते-फिरते पुतले मात्र हैं, जिनकी जीवन-शक्ति का निरंतर ह्रास हो रहा है। केवल मानव ही नहीं, प्राणिमात्र के लिए जिंदा रहने का खतरा पैदा हो गया है।

अतः अब मूल सवाल अस्तित्व और विनाश का है। क्या हम एक प्रजाति के रूप में जिंदा रहना चाहते हैं या हमेशा-हमेशा के लिए सामूहिक मौत की ओर बढ़ना चाहते हैं ? जिन लोगों को पर्यावरणवादी या पर्यावरणविद् कहकर खुश किया जाता है उन्हें दृढ़तापूर्वक कहना चाहिए, हम विद् और वादी कुछ नहीं, हम तो मौत की ओर धकेलनेवाली शक्तियों के खिलाफ उस मूक बहुमत को संगठित कर जिंदा रहने के लिए लड़नेवाले हैं। लड़ाइयाँ व्यवस्था के साथ जुड़कर नहीं, उसके खिलाफ तनकर खड़े होने और लक्ष्य की प्राप्ति तक डटे रहने से जीती जाती हैं।

21
एक स्थायी जलनीति की आवश्यकता

कावेरी के पानी के बँटवारे के सवाल पर कर्नाटक और तमिलनाडु के बीच छिड़े संग्राम ने हमारे नीति-निर्धारकों को जल-नीति के बारे में सोचने के लिए मजबूर कर दिया है। पानी के सवाल पर हरियाणा और पंजाब, दिल्ली और हरियाणा के बीच कभी-कभी विवाद सतह पर आ जाते हैं। फरक्का के सवाल पर बांग्लादेश की भी शिकायत बनी हुई है।

ये सारे सवाल तो हमेशा बहनेवाली बड़ी नदियों के पानी के बँटवारे के साथ जुड़े हुए हैं, क्योंकि अनादिकाल से निरंतर बहनेवाली इन नदियों के बहाव को बड़े-बड़े बाँध बनाकर नियंत्रित किया गया है और जीवन के सभी क्षेत्रों की तरह जल-प्रबंध के क्षेत्र में केंद्रित व्यवस्था आई है। बाँध नदी के पानी को मनचाहे ढंग से मोड़ने की वह प्रणाली है, जिसे जल-संसाधन विकास का नाम दिया गया है। वास्तव में यह जल-संसाधन के विनाश की क्रूर प्रणाली है, जो बहती हुई नदी के रूप में प्रकृति के समाजवाद को नष्ट कर नदी के प्रवाह क्षेत्र के मनुष्य, पशु-पक्षी, धरती और प्रकृति पर प्रतिकूल प्रभाव डालते हुए दीर्घकाल में स्थायी विनाश का मार्ग प्रशस्त करती है। केवल धरती ही नहीं, यह समुद्रों को भी प्रभावित करती है।

भूमिगत जल का नवीकरण, बाढ़-प्रभावित क्षेत्र में नई मिट्टी का बिछना, मछलियों के आवागमन और पुनर्जनन में अवरोध, मछुआरों और बाढ़-क्षेत्र में सब्जी-उत्पादन कर गुजारा करनेवाले गरीब लोगों का विस्थापन, डेल्टा क्षेत्र के निर्माण में अवरोध, समुद्र के खारे पानी का अंदर घुसकर समुद्र-तट के क्षेत्रों का कृषि के लिए अयोग्य बन जाना और ताजे व खारे जल के मिश्रण में पनपनेवाली झींगा और अन्य प्रजाति की मछलियों का लुप्त हो जाना इसके कई प्रत्यक्ष कुप्रभाव हैं। असिंचित क्षेत्रों में बड़ी नहरें बनाकर सिंचाई के लिए पानी पहुँचाकर सूखी खेतीवाले क्षेत्रों में तंबाकू, गन्ना और कपास जैसी व्यापारिक फसलों की पैदावार से मालामाल बनने का लालच देकर राजनेता अपनी वोटों को पक्का करते रहे हैं। केंद्रित जल प्रबंध से लाभान्वित होनेवाले लोग एक निश्चित क्षेत्र में और मुख्यतः बाँधों से पानी प्राप्त करनेवाली शहरी जनसंख्या की तरह बड़ी संख्या में रहते हैं, अतः ये उनके स्थायी वोट-बैंक बन जाते हैं।

जल-समस्या के समाधान में, जो अब किसी देश विशेष की नहां, पूरे जगत की समस्या

बन चुकी है, वोटों की राजनीति सबसे बड़ा रोड़ा है। विश्व चौकसी संगठन ने दस वर्ष पहले यह चेतावनी दे दी थी कि सन् 1983 के मुकाबले दुनिया में प्रति व्यक्ति पानी की औसत उपलब्धि सन् 2001 में 24 प्रतिशत कम होगी। यह कमी दक्षिण और खास तौर से अफ्रीका और मध्य एशिया के देशों में सर्वाधिक होगी और उत्तर के यूरोप, अमेरिका आदि देशों में सबसे कम होगी। मध्य एशिया में पानी अंतर्राष्ट्रीय झगड़ों का कारण बन चुका है।

जल-समस्या के जटिल होने के कारणों की तह में जाना होगा। इसका मूल कारण तो पानी के उपयोग में बढ़ोतरी और ताजे पानी की उपलब्धि में तेजी से होनेवाला ह्रास है। हरित क्रांति ने हमारी खेती को अत्यधिक पानी पीनेवाला बना दिया है। यह औद्योगिक उत्पादन के इस सिद्धांत पर आधारित है कि अधिक से अधिक कच्चे माल का निवेश करो और अधिक से अधिक पैदावार ले लो। अधिक पैदावार देनेवाली अनाजों की शंकर प्रजातियाँ अधिक रासायनिक खाद और इसी वजह से अधिक पानी माँगती हैं। कम पानी माँगनेवाली मक्का, बाजरा, दालें जैसी फसलों का स्थान पानी की राक्षसी माँगवाली गन्ना, बासमती, तंबाकू, कपास जैसी फसलों ने ले लिया है।

अब ये विदेशी मुद्रा कमानेवाली हो गई हैं, फलतः इनके द्वारा पानी अप्रत्यक्ष रूप से हमारे विदेशी व्यापार की मुख्य वस्तु हो गई है। पिछले चार वर्ष में कृषि-उत्पादनों के निर्यात में, जिनमें फल, सब्जी और मांस जैसे पानी बाहुल्यवाले निर्यात भी शामिल हैं, कम से कम दस गुना वृद्धि हुई है। निर्यात के लिए उत्पादन पर धनी और बड़ी जोतवाले किसानों का एकाधिकार है। भले ही महाराष्ट्र के गरीब लोग गर्मी में जल-संकट के दिनों में रेल के इंजन पर धावा बोलकर अपनी प्यास बुझाने के लिए दस-बीस लोटे पानी का जुगाड़ कर लें, लेकिन गन्ना-सेठ जिनका महाराष्ट्र की राजनीति पर एकाधिकार है, प्रति वर्ष पातालतोड़ कुओं को गहरा कर पानी का खनन कर निर्यात कर रहे हैं।

पानी की खपत अधिकाधिक पानी का प्रयोग करनेवाले धातु, सीमेंट और रासायनिक उद्योगों के विस्तार के कारण हो रही है। औद्योगिक प्रगति और खास तौर से संपन्न वर्ग व निर्यात की माँग को पूरा करनेवाले उद्योगों को बढ़ावा देना हमारी नई आर्थिक नीति का लक्ष्य है। अतः चाहे वह उड़ीसा में एल्यूमीनियम उद्योग का, छत्तीसगढ़ में सीमेंट उद्योग का, देश के कई स्थानों में रासायनिक खाद और दूसरे रासायनिक उद्योगों के कारखानों का मामला हो, पानी की राक्षसी माँग की पूर्ति को सर्वोच्च प्राथमिकता दी गई है। ये कारखाने पानी के उपयोग के साथ-साथ उसको प्रदूषित भी करते हैं। फलतः केवल नदियों ने ही गंदे नाले का रूप नहीं ले लिया है, बल्कि भूमिगत जल-स्रोत और समुद्र का जल भी विषाक्त हो गया है। इस विषाक्त जल का मनुष्यों और अन्य जीवधारियों पर घातक प्रभाव पड़ रहा है। मछली पकड़कर गुजारा करनेवाले मछुआरों के सामने अपने जिंदा रहने का यक्ष प्रश्न खड़ा हो गया है।

विकास का 'एक तीसरा प्रभाव शहरी जनसंख्या में असीमित वृद्धि है। यह सर्वमान्य

तथ्य है कि एक शहरी परिवार की पानी की आवश्यकता ग्रामीण परिवार के मुकाबले कम से कम दस गुनी अधिक है। शहरों में ही उनके महत्त्व के आधार पर संपन्न और अधिकार-प्राप्त धनी बस्तियों में रहनेवाले परिवारों तथा विपन्न और झुग्गी-झोंपड़ियों में रहनेवाले परिवारों को मिलनेवाले पानी के बीच सौ और एक का अनुपात है। दिल्ली में प्रति व्यक्ति 246 लीटर तो बंबई में 136 लीटर पानी उपलब्ध है। दिल्ली में केंद्रीय मंत्री और राजनयिक रहते हैं, जिनके बंगलों में प्रति व्यक्ति 550 लीटर पानी का खर्च होता है। पाँचतारा होटलों का, जहाँ के तैराकी तालाबों में प्रतिदिन स्वच्छ ताजा पानी चाहिए, तो कोई हिसाब ही नहीं। वे अपनी स्वतंत्र व्यवस्था से भूमिगत जल का खनन करते हैं। विदेशी मुद्रा कमाने में उनका योगदान होने के नाते इस असीमित दोहन पर कोई उँगली नहीं उठा सकता।

पानी के सवाल पर विशुद्ध मानवीय और वैज्ञानिक आधार पर चिंतन करके ही एक स्थायी और न्याययुक्त जल-नीति का निर्धारण किया जा सकता है। यदि आर्थिक और राजनीतिक प्रभाववाले समूहों के दबाव में कोई नीति बनाई गई, तो उससे कई प्रकार के झगड़ों का जन्म होगा। ये झगड़े पानी के सवाल पर गाँव और शहरों, खेती और उद्योगों तथा संपन्न और विपन्नों के बीच होंगे। पानी को एक व्यापार की वस्तु समझनेवालों का यह लालच कि जो अधिक दाम दे सकता है, उसी को पानी मिले, चीन जैसी परिस्थिति पैदा कर सकता है। चीन ने उद्योगों और नगरों की आवश्यकता पूरी करने के लिए नगरों के निकट खेती के लिए पानी पर अंकुश लगा दिया। फलतः वह अन्न-संकट का मुकाबला कर रहा है। एक दीर्घकालीन जल-नीति के तीन मूलभूत तत्त्व हो सकते हैं।

पहली बात तो यह कि पानी के उपयोग में किफायत हो। समस्या का तात्कालिक हल तो पानी के उपयोग में – घरेलू, कृषि व उद्योग के क्षेत्र में – किफायत ही हो सकता है। उन सब प्रवृत्तियों व उत्पादन-प्रणालियों पर अंकुश लगाया जाना चाहिए, जिनमें पानी का अधिक उपयोग होता है। नगरों में केंद्रित जल-वितरण प्रणालियों को इसकी शुरुआत संपन्न लोगों के बंगलों में पानी की आपूर्ति को नियंत्रित करने से करनी होगी। पाँचतारा होटलों के तैराकी तलाबों को बंद करना होगा। अधिक जल का उपयोग व प्रदूषण करनेवाले उद्योगों और कृषि-उत्पादनों को केवल राष्ट्रीय आवश्यकता तक ही सीमित रखना होगा।

हमारे प्रचार माध्यम पानी के अत्यधिक उपयोग के विज्ञापनों से पानी की फिजूलखर्ची के लिए एक मनोवैज्ञानिक वातावरण बना रहे हैं। वास्तव में उन्हें गाँधीजी द्वारा गंगा-यमुना के संगमवाले प्रयाग के आनंद भवन में हाथ-मुँह धोने के लिए एक लोटे से अधिक पानी का उपयोग करने से इन्कार करने के पक्ष में प्रचारित करना चाहिए।

दूसरी महत्त्वपूर्ण बात यह है कि पानी की वैकल्पिक व्यवस्था हो। बड़ी बाँध-परियोजनाएँ पानी के प्रबंध की अवैज्ञानिक और तर्कविहीन पद्धति है। यह तर्क कि इनसे समुद्र में जानेवाले बेकार पानी का उपयोग होता है, छलावा मात्र है। नदी अपने बहाव-क्षेत्र में भूमिगत जल की मात्रा बढ़ाती हुई जाती है और समुद्र-तट पर स्थित बस्तियों और खेती को खारे

पानी के आक्रमण से बचाती है। जहाँ बहती हुई नदी उपजाऊ मिट्टी बिछाकर मिट्टी की गुणवत्ता बढ़ाती है, मछलियों और जल-जीवों के द्वारा पानी को स्वच्छ रखती है, वहीं बाँधों से पोषित बड़ी सिंचाई-प्रणालियों ने खारापन और दलदलीपन का विस्तार करके भारत की 80 लाख हेक्टेयर सिंचित भूमि को पूर्णतया और शेष 1 करोड़ 20 लाख हेक्टेयर भूमि को आंशिक रूप से उत्पादन के लिए अयोग्य कर दिया है।

बरसाती पानी का वहीं संग्रहण किया जाना चाहिए, जहाँ पर वह बरसता हो। इसके लिए भारत की सदियों पुरानी तालाब और झील प्रणाली को पुनर्जीवित करना होगा। अभी तो झीलों और तालाबों को पाटकर बस्तियों और खेती का विस्तार करने का सिलसिला उलटना होगा। झील और तालाब भूमिगत जल को पुष्ट करने के अलावा उनकी सफाई से निकलनेवाली उपजाऊ मिट्टी को पुनः खेती को लौटाने में सहायक होते हैं।

घरों के पानी को बावड़ियों में संगृहीत करने की राजस्थान की पुरानी प्रणाली को सारे देश में लागू करना होगा। एक ऐसा कानून बनाना होगा, जिसके अनुसार मकान की छत के क्षेत्रफल के आधार पर बरसाती पानी की डिग्गी बनाना अनिवार्य हो। इन डिग्गियों को बनाने की आसान पद्धतियों की खोज हो और सरकार गरीब लोगों को इनके निर्माण के लिए मदद दे। पर्वतीय क्षेत्रों में बहुत छोटे पैमाने पर चलाया जा रहा यह कार्यक्रम बहुत उपयोगी सिद्ध हुआ है।

जीवन के लिए जो वस्तु सबसे अधिक अनिवार्य हो, उसी की उपलब्धि सबसे अधिक सुलभ होनी चाहिए, इस सिद्धांत के अनुसार पानी जैसी जीवन के लिए अनिवार्य आवश्यकता की पूर्ति का केंद्रित प्रबंध अवैज्ञानिक है। यह विकेंद्रित होना चाहिए। जल विज्ञान का एक बुनियादी सिद्धांत है कि बहती हुई नदी प्राकृतिक रूप से बहते हुए पानी का शुद्धिकरण करती जाती है। कुओं और झरनों का पानी संगृहीत पानी के मुकाबले अधिक स्वास्थ्यप्रद होता है। यदि जल सचमुच जीवन है तो उसके जीवंत तत्त्व की रक्षा जल-प्रबंध का लक्ष्य होना चाहिए।

वास्तव में जंगल नदियों की माँ हैं। वे बरसाती पानी को रोककर धीरे-धीरे छोड़ते हैं और नदियों के प्रवाह को नियमित रखते हैं। इसका उदाहरण भारत, नेपाल और भूटान की नदियाँ हैं। भूटान में जहाँ पर सघन प्राकृतिक वन हैं, चुरवा नदी के प्रवाह में बरसात और जाड़े के दिनों में 7 और 1 का अंतर है, जबकि नेपाल में यह अंतर 1000 और 1 का है, जबकि अपने देश में ग्लेशियर से निकलनेवाली गंगा के बहाव में हरिद्वार में यह अंतर 70 और 1 का है। जंगल के नाम पर जिन कृत्रिम रोपवानियों को आज बढ़ावा दिया जा रहा है, वे एकल प्रजाति के व्यापारिक पेड़ हैं, जिनकी जल-संरक्षण की क्षमता बहुत कम है और जो बार-बार काटे जाते है। पानी के संरक्षण और मिट्टी बनाने का कार्य तो अछूते प्राकृतिक वन करते हैं। अतः भारत में पानी के लिए रहे-सहे प्राकृतिक वनों का संरक्षण तथा पानी को जंगल की मुख्य पैदावार घोषित किया जाना चाहिए। वनों का प्रबंध पानी के लिए होना चाहिए।

ग्लेशियर के तेजी से पीछे हटने के कारण गंगा जैसी जीवनधारा के अगले सौ वर्षों में सरस्वती की तरह लुप्त होने का खतरा पैदा हो गया है। नवीनतम वैज्ञानिक अध्ययन के अनुसार गोमुख में पर्यटकों के लिए ढाबे खुलने के कारण पिछले चार वर्षों में गंगोत्री ग्लेशियर के पीछे हटने की रफ्तार पिछली शताब्दी से 28 गुनी और इस शताब्दी के पहले नौ दशकों से 11 गुनी अधिक यानी प्रति वर्ष 200 मीटर हो चुकी है।

जल-संकट की इस वेला में हमें पुनः गांधीजी की दूरदृष्टि द्वारा सुझाया गया हल अपनाना होगा। सन् 1926 में काका कालेलकर द्वारा खेती के भविष्य के बारे में पूछे जाने पर गाँधीजी ने कहा था कि भविष्य की खेती वृक्ष-खेती होगी। वृक्षों की पानी की आवश्यकता कम है और वे बादलों को आकर्षित करते हैं तथा अपनी जड़ों में पानी का भंडारण करते हैं। नदियों के पर्वतीय जल ग्रहण क्षेत्रों में, जिन्हें पानी से वंचित रखा गया है, बड़े पैमाने पर अधिक जल-संग्रहण की क्षमतावाले खाद्य, चारा, ईंधन, जैविक खाद और रेश देनेवाली वृक्ष प्रजातियों को सब प्रकार की वन, सामूहिक और निजी भूमि पर पनपाने का राष्ट्रीय कार्यक्रम अपनाना होगा। इसके लिए स्थानीय लोगों को उदार सहायता दी जानी चाहिए। इससे राष्ट्रीय आवश्यकता और स्थानीय आकांक्षा के बीच चल रही लड़ाई समाप्त होगी। राष्ट्र को पानी मिलेगा और स्थानीय लोगों को निरंतर वृक्षों की पैदावार। इस पर होनेवाला खर्च अल्पायु और भूकंप क्षेत्र के खतरनाक बाँधों पर होनेवाले पूँजी निवेश के मुकाबले लंबे अरसे में आर्थिक दृष्टि से लाभकारी होगा। इसे पानी की स्थायी पूँजी के निर्माण में होनेवाला पूँजीगत निवेश माना जाना चाहिए।

प्रारंभ में पेड़ पनपाने के लिए पहाड़ों की चोटियों पर बरसाती पानी के संग्रह और घाटियों में बहनेवाली नदियों के पानी को पंप द्वारा ऊपर उठाने की व्यवस्था करनी होगी।

परिशिष्ट

1
उपवास क्यों ?

अपने 45 दिन के प्रार्थनामय उपवास को समाप्त करने के – 12 अप्रैल, 1992 को जो उस उपवास को समाप्त करने की सही तारीख है – आज मुझे तीन साल हो गये हैं। यह उपवास, एक ऐसे समय जबकि हिंसा जीवन का एक हिस्सा बन गई है और अहिंसक संघर्ष के सिद्धांत के लिए कोई मान्यता नहीं रही, टिहरी बाँध परियोजना से जुड़े लोगों के दिलों तक पहुँचने का एक आध्यात्मिक प्रयास था। इसके पहले मैंने यह प्रार्थना की थी कि टिहरी बाँध परियोजना के सांस्कृतिक, सामाजिक, आर्थिक, पर्यावरणीय एवं तकनीकी पहलुओं की समीक्षा होना अनिवार्य हो गया है और इसके इन पहलुओं की समीक्षा आध्यात्मिक नेताओं व संसद सदस्यों की एक समिति द्वारा की जाय, जिसमें उनके अतिरिक्त संबंधित विषयों अर्थात् भूकंपनीयता, समाज-विज्ञान, अर्थशास्त्र तथा पारिस्थितिकीय से संबंधित वैज्ञानिक और विशेषज्ञ भी रहें। इस कार्य के लिए मैंने केंद्रीय व राज्य सरकारों के शीर्षस्थ अधिकारियों तथा सभी प्रमुख राजनीतिक दलों के प्रतिष्ठित संसद सदस्यों से भी संपर्क किया था। जैसा सभी जानते हैं कि वैज्ञानिक सभी संबंधित व्यक्तियों को बार-बार चेतावनी देते आ रहे हैं कि इस क्षेत्र में भविष्य में भूकंप/भूकंपों के आने की संभावना बनी हुई है। *भारतीय सांस्कृतिक निधि* (**इन्टैक**) तथा *विश्व प्रकृति निधि* जैसे गैरसरकारी संगठनों ने भी सरकार को इस तथ्य से अवगत कराया है कि गंगा नदी के साथ जोर-जबर्दस्ती या खिलवाड़ करने के बड़े ही खतरनाक परिणाम हो सकते हैं।

इस संबंध में मेरी एक चिंता यह भी रही है कि इस परियोजना में भ्रष्टाचार व्याप्त है जिसने इस क्षेत्र को, जहाँ के लोग कभी अपनी ईमानदारी और निष्ठा के लिए प्रसिद्ध रहे हैं, कदाचार व बेईमानी के किले में बदलकर रख दिया है। इसके कण-कण में जो भ्रष्टाचार फैला है – इसकी तो नींव ही भ्रष्टाचार पर खड़ी की गई थी – उसके बड़े ही खतरनाक परिणाम हुए बिना नहीं रहेंगे। असाधारण विलंब और काफी समय तक इंतजार के बाद हमें दो उत्तर प्राप्त हुए हैं : पहला यह कि काफर बाँध का निर्माण एक ऐसी कंपनी द्वारा पूरी तेजी से शुरू कर दिया गया है जो उन लोगों की है जिनके पीछे राजनीतिक शक्ति है; दूसरा एक बहुत ही साधारण से स्पष्टीकरण के रूप में मिला है जिसमें यह कहा गया है कि भ्रष्टाचार तो सब जगह है।

इस परिस्थिति में मैं एक ही नतीजे पर पहुँचा हूँ कि आर्थिक विकास के जरिए प्रगति लाने की अंधी दौड़ में हमारे शासक हृदयहीन हो गये हैं, आगे आनेवाली पीढ़ियों के प्रति उन्हें कोई चिंता नहीं है और लोगों के प्रति जो कि इस लोकतांत्रिक व्यवस्था में उनके असली मालिक हैं और चुनाव जीतने के लिए हर पाँच साल के बाद जिनके पास उन्हें जाना पड़ता है, वे अपनी जिम्मेदारी भी भूल गये हैं; उनके निर्णयों में पारदर्शिता नहीं रह गयी है तथा इन उपेक्षित लोगों की दुख-तकलीफों को समझने की – जो अपनी दो जून की रोटी जुटाने के लिए दिन-रात मेहनत करते हैं, उनके पास हृदय ही नहीं रहा। भ्रष्टाचार की यह दीमक हमारे देश की मजबूत जड़ों में घुसकर उसे खोखला और कमजोर कर रही है, इससे बड़ा हमारे प्रजातंत्र को आज और कोई दूसरा खतरा नहीं है।

हालाँकि हम अपनी एक स्थानीय समस्या को हल करने की लड़ाई में लगे हैं, लेकिन हमारे विचार की परिधि में सारी दुनिया है। 'चिपको' आंदोलन इस राष्ट्र के लिए ही नहीं बल्कि सारी दुनिया के सामने इसका एक प्रमाण है।

[10 मई, 95 को टिहरी बाँध के विरोध में धरना देने के अपराध में गिरफ्तार होने पर श्री सुंदरलाल बहुगुणा ने सहारनपुर जेल में उपवास प्रारंभ करते हुए यह वक्तव्य दिया। उनका यह 49 दिनों का उपन्यास (27 जून, 95) उ. प्र. के राज्यपाल श्री मोतीलाल बोरा के मार्फत प्रधानमंत्री श्री नरसिम्हा राव के बाँध की समीक्षा करने के आश्वासन के बाद टूटा।]

2

मेरी अंतर्व्यथा

मेरे प्रायश्चित व्रत की लंबी अवधि (अब दो महीने पूरे हो रहे हैं) लोगों के लिए चिंता का विषय बन गई है, लेकिन मुझे लेश मात्र भी चिंता और परेशानी नहीं है, बल्कि मैं उत्तरोत्तर आनंद का अनुभव कर रहा हूँ। यह समय मेरे जीवन के सर्वोत्तम क्षणों में से है, क्योंकि मैं सारी बाह्य प्रवृत्तियों से अपने को समेटकर गंगा और हिमालय की रक्षा के अपने जीवन-कार्य के बारे में भागीरथी की गोद में बैठकर चिंतन कर रहा हूँ। वास्तव में भोगवादी जीवन-पद्धति ने हमें इतना पंगु बना दिया है कि व्रत और उपवास, जिन्हें लोग श्रद्धापूर्वक खुशी-खुशी से करते थे, अब केवल एकांत में साधु-संतों के अलावा कोई नहीं करता। भूख-हड़ताल करते हैं, तो वे कैकेयी की तरह कोप भवन में बैठ जाते हैं। व्रत और उपवास शरीर की बाह्यशुद्धि के अलावा आंतरिक शुद्धि के साधन हैं। दूसरों के हृदयों तक पहुँचने का प्रयास है।

मुझे संतोष है कि मेरा आर्तनाद सत्ता के शीर्षस्थ स्थानों पर बैठे हुए लोगों, सभी देश-विदेश में कई लोगों के हृदयों तक पहुँचा है। वे इस पर निरंतर अपनी प्रतिक्रिया और उन सवालों को हल करने की दिशा में, जो मैंने उठाये हैं, अपने प्रयासों की जानकारी दे रहे हैं। टिहरी बाँध की समस्या तो मूलतः मरणासन्न हिमालय के प्रति हमारे क्रूर व्यवहार की समस्या है, उस पर देर-सवेर गंभीरता से विचार करना होगा। अभी तक तो सक्रिय भूकंप क्षेत्र में बननेवाले इस बाँध के तकनीकी पहलुओं की छान-बीन करने की ओर ध्यान दिया है। क्या बाँध का ढाँचा संभावित भूकंप के झटके को सह सकेगा? इसी से जुड़ा हुआ सवाल यह है कि यदि बाँध इसे सह भी लेगा तो इसके चारों ओर की कच्ची पहाड़ियों के जलाशय में पानी भरते ही फिसलने की भूगर्भवेत्ताओं की चेतावनी को नजरंदाज किया जा सकता है? भूकंप का एक परिणाम यह भी हो सकता है कि ये पहाड़ियाँ टूटकर झील में पड़ जावें और सन् 1963 में इटली के वियांट बाँध की दुर्घटना की पुनरावृत्ति हो।

हम अवश्य ही तकनीकी क्रांति के युग में रहते हैं और तकनीकी का प्रभाव इतना प्रचंड है कि इसके नीचे मानवीय समस्याएँ दफनाई जाती हैं। जहाँ भीमकाय परियोजनाएँ (मेरे कानों के पर्दे निरंतर पास ही बाँध-निर्माण की चौबीसों घंटे कार्यरत भारी मशीनों

की गड़गड़ाहट से फटे जा रहे हैं) हैं, वहाँ इनसे उजड़नेवाले अभागे लोगों का आर्तनाद दब जाता है। क्रूरता इस सीमा तक पहुँच जाती है कि टिहरी बाँध परियोजना के ऊपरी जलग्रहण क्षेत्र में प्रतापनगर के 50 गाँवों की पेय जल-योजना को इसलिए रद्द कर दिया गया है कि इससे टिहरी बाँध के लिए पानी कम पड़ेगा। आजकल उत्तराखंड के कई गाँवों के प्यासे लोग खाली बर्तनों को लेकर पानी के लिए प्रदर्शन कर रहे हैं। प्राकृतिक जलस्रोत बहुत तेजी से सूखते जा रहे हैं और ऊँचों-ढलानों पर बसे इन गाँवों तक पानी पहुँचाने का एक मात्र साधन हिमनंदो से निकलकर निर्बाध बहने वाली भागीरथी जैसे (?) सदाबहार नदियों का पानी पंप कर वहाँ पहुँचाने के सिवा कुछ नहीं है। प्रकृति की दी हुई इस देन से इन्हें वंचित करना, जैसा कि उ.प्र. के गोविन्द सागर के किनारे बसे विलासपुर जिले के शैला देवी क्षेत्र के गाँवों में हुआ है, न्यायपूर्ण है या इन नदियों पर बड़े बाँध बनाकर महानगरों के पाखानों की सफाई एवं पांचतारा होटलों के तैराकी तालाबों की आवश्यकताएँ पूरी करना न्यायपूर्ण है, इस सवाल पर गहराई से सोचने की मैं अपील करता हूँ।

नदी का स्वयं का जीवन-चक्र होता है, जिसके साथ उसके किनारे रहनेवाले लोगों का जीवन-चक्र और जलचरों का जीवन जुड़ा हुआ रहता है। अब अमेरिका और पूर्व सोवियत रूस में नदियों की हत्या पर डेल्टा निर्माण की प्रक्रिया, मछलियों का उत्पादन समाप्त होने एवं अरब सागर जैसे ताजे पानी के भंडारों के समाप्त होने के दुःष्प्रभाव स्पष्टतया सामने आ गये हैं। गंगा अब एक गंदे नाले में बदल गई है। इसकी सफाई केवल बरसात की बाढ़ में ही हो पाती है। इस पानी को उद्गम क्षेत्र में रोक और अन्यत्र मोड़कर गंगा की क्या हालत होगी और इसकी 2,500 कि.मी. लंबी उपत्यका में पानी का बहाव घटने के क्या परिणाम होंगे, भूमिगत जल स्तर पर क्या प्रभाव पड़ेगा, बाढ़-क्षेत्र में सब्जी की खेती कर गुजारा करनेवाले गरीब लोगों और मछुवारों का कैसे पुनर्वास होगा, ये सब मानवीय सवाल इससे जुड़े हुए हैं।

अपनी पवित्रता के लिए प्रख्यात गंगाजल पर जो अब केवल नदी के प्राकृतिक रूप से बहते रहने के कारण केवल हरिद्वार तक ही शुद्ध रह गया है, झील में जमा करने का क्या प्रभाव पड़ेगा? यह एक तकनीकी सवाल है। उसकी छानबीन आवश्यक है।

सबसे बड़ा सवाल तो यह है कि हम अंतिम आदमी को अरबों रुपये खर्च करके बननेवाले प्रकल्पों से क्या लाभ पहुँचने वाला है? जहाँ इस प्रकार की परियोजनाएँ बनती हैं वहाँ के लोगों का आर्थिक, सामाजिक और नैतिक स्तर कितना ऊँचा उठता है? यह हर योजना की कसौटी होनी चाहिए। वे उसके भारी-भरकम तंत्र के जो प्रशासन, पुलिस और स्थानीय न्याय-व्यवस्था पर हावी हो जात्ता है, गुलाम का जैसा जीवन तो नहीं बिताते?

मैं पहाड़ के कष्टों और अभावों के बीच जन्मा और पला-पोषा हूँ। मेरी कोटि के अधिकांश लोगों की तरह इनसे पलायन करने के बजाय मैंने सामान्य लोगों के साथ इन क्ष्टों और अभावों को झेला है। मैं इनकी अभिव्यक्ति करने के लिए विवश हूँ। इसलिए

इन सवालों को सबके हृदयों तक पहुँचाने के लिए अपना प्रायश्चित्त व्रत जारी रख रहा हूँ। हम शोरगुल, प्रदर्शन और धींगा-मस्ती के युग में जी रहे हैं, जहाँ से नैतिक मूल्यों का तेजी से ह्रास हो रहा है। इसके बीच अहिंसा और सत्याग्रह का यह छोटा-सा प्रयोग मानवीय विकास के इन शाश्वत मूल्यों को जिंदा रखने के लिए है। मेरा पक्का विश्वास है कि हमारे मरते हुए उपग्रह को पुनःजीवित रखने के लिए यही एकमात्र मार्ग है।

[13 अप्रैल, '96 से भागीरथी के तट पर शुरू 'प्रायश्चित व्रत' के दो माह बाद जारी प्रतिवेदन]

●●●